T0209877

Printed in the United States
By Bookmasters

بسم الله الرحمن الرحيم

مناهج وبرامج الموهوبين
تخطيطها – تنفيذها – تقويمها

المملكة الأردنية الهاشمية
رقم الإيداع لدى دائرة المكتبة الوطنية
(2009/8/3702)

371.95

* الجهني ، فايز
مناهج وبرامج الموهوبين : تخطيطها، تنفيذها، تقويمها
فايز / الجهني .- عمان : دار الحامد ، 2009
(   ) ص .
* ر. أ. : (2009/8/3702).
* الواصفات : / الطلاب الموهوبون // طرق التعلم // أساليب التدريس /

- أعدت دائرة المكتبة الوطنية بيانات الفهرسة والتصنيف الأولية .

* (ردمك) ISBN 978-9957-32-473-5

دار الحامد للنشر والتوزيع

شفا بدران - شارع العرب مقابل جامعة العلوم التطبيقية
هاتف: 5231081 -00962 فاكس : 5235594 -00962
ص.ب . (366) الرمز البريدي : (11941) عمان - الأردن

Site : www.daralhamed.net
E-mail : info@daralhamed.net
E-mail : daralhamed@yahoo.com
E-mail : dar_alhamed@hotmail.com

مناهـــج وبرامـــج الموهوبيــــن
تخطيطها - تنفيذها - تقويمها

تأليف
فايـــز الجهنـــي
ماجستير مناهج وطرق تدريس الموهوبين
بكالوريوس علم نفس
بكالوريوس علوم وتربية

الطبعة الأولى

1431هـ - 2010م

بسم الله الرحمن الرحيم

اللهم رب جبرائيل وميكائيل وإسرافيل،

فاطر السموات والأرض،

عالم الغيب والشهادة،

أنت تحكم بين عبادك فيما

كانوا فيه يختلفون

أهدني لما اختلف فيه من الحق بإذنك

انك تهدي من تشاء إلى صراط مستقيم

المحتويات

الفصل الثالث

نماذج المناهج وتخطيط المناهج لتربية وتعليم الموهوبين

مقدمة

تربية وتعليم الموهوبين تظل أساس صناعة التميز في مدارس التعليم العام، أولا لتلبية احتياجات الطلاب الموهوبين، الذين لم يراعي احتياجاتهم المنهج العادي فأصابهم الملل والتسرب، وثانيا استثمار الطلاب الموهوبين يرفع من أداء الغرفة الصفية لكافة ممارسي التعلم فيها.

والكتاب الحالي، يضع بين يدي القارئ الكريم تصورا كليا وبصورة مبسطة عن الموهوبين والمناهج التي ينبغي لها أن تسهم في تعليمهم.

كما أن الكتاب يسهم في توضيح برنامج الموهوبين المدرسي بمدارس التعليم العام في المملكة العربية السعودية ويسلط الضوء على النموذج الإثرائي الفاعل المستخدم لتصميم المنهج الإثرائي للموهوبين.

وأتمنى أن يسهم هذا الكتاب في تبصير معلمي الموهوبين بالممارسات التي يتوجب عليهم اتخاذها لتخطيط المنهج الإثرائي، والممارسات التي ينفذ من خلالها المنهج الإثرائي، والممارسات التي يقوم على ضوءها المنهج الإثرائي.

وختاما أقدم شكري الجزيل للسيد بسام العدوان مدير عام دار الحامد الناشر للكتاب، والشكر الجزيل للدكتورة فايزة الفايز لدعمها المستمر مع استمرار كتابة صفحاته، يسعدنا إبداء ملاحظاتكم والله ولي التوفيق.

المؤلف

عمان، 28 يوليو 2009م

الباب الأول

تخطيط مناهج وبرامج الموهوبين

الفصل الأول: تربية وتعليم الموهوبين.

الفصل الثاني: مناهج وطرق تدريس الموهوبين.

الفصل الثالث: نماذج المناهج وتخطيط المناهج لتربية وتعليم الموهوبين.

تمهيد

يتناول المؤلف في هذا الباب تخطيط مناهج وبرامج الموهوبين وتم تقسيمه إلى ثلاثة فصول، تم من خلالها استعراض الخلفية التاريخية لتربية وتعليم الموهوبين، ومفهوم الموهبة والموهوبين، وتصنيفهم، والسمات الشخصية والخصائص السلوكية المميزة لهم، وكيفية الكشف والتعرف عليهم، وتحديد حاجاتهم. وبناءً على ذلك تم استعراض المبادئ العامة التي تقوم عليها مناهج الموهوبين، وافتراضات تخطيطها وفلسفتها وسماتها والأهداف العامة لبرامجهم ومتطلباتهم وكيفية تخطيطها وخطوات ذلك. وتم التحدث عن استراتيجيات تربية وتعليم الموهوبين إثراءً وإسراعا وإرشادا، والخطوط الإرشادية بشأن تدريسهم في فصول العاديين وتحديد خصائص وكفايات معلميهم، بعد ذلك تم استعراض نماذج المناهج ونماذج تخطيطها للموهوبين، وفي الختام تم استعراض برنامج الموهوبين المدرسي بمدارس التعليم العام في المملكة العربية السعودية بشيء من التفصيل.

الفصل الأول

تربية وتعليم الموهوبين

* لمحة تاريخية لتربية وتعليم الموهوبين.

* مفهوم الموهبة والموهوبين.

* تصنيف الطلاب الموهوبين.

* السمات الشخصية والخصائص السلوكية للموهوبين.

* الكشف والتعرف على الموهوبين.

* حاجات الموهوبين.

* التعقيب على الفصل الأول.

الفصل الأول
تربية وتعليم الموهوبين

مقدمة:

إن العناية بالموهبة من أسمى وظائف المدرسة التربوية (الجغيمان، د.ت، ص8)، لأن الأشخاص الموهوبين ثروة كبرى، وكنوز ثمينة يجب الاهتمام بهم بهدف توجيههم لخدمة المجتمع وتوفير ما يحتاجه من مفكرين وعلماء في مجالات العلم والمعرفة كافة (الزعبي، 2005، ص41). وهناك عدة مبررات تستدعي الاهتمام بتربية الموهوبين في المدرسة، أورد الشيخلي (2005، ص15) من أهمها:

- الاهتمام بالموهوبين يعد ضرورة علمية وحضارية لا يمكن الاستغناء عنها في وقتنا الحاضر من أجل الاستفادة من قدرات هؤلاء الموهوبين لا سيما في البلدان النامية.

- الاهتمام بالموهوبين يعد ضرورة علمية من أجل الاستفادة من قدراتهم وتطوير هذه القدرات من أجل الإسهام في تقدم المجتمع.

- الاهتمام بتربية وتعلم الموهوبين يعد ضرورة تربوية، خاصة في الوطن العربي، حيث تفتقر مؤسساته التربوية لهذا الاهتمام.

لمحة تاريخية لتربية وتعليم الموهوبين:

تربية وتعليم الموهوبين لم تكن بمعزل عن الاهتمام بتربية وتعليم العاديين، بل إن تمييزهم لفت انتباه المهتمين بالتربية؛ فنجد أن الفيلسوف الإغريقي أفلاطون أكد على أهمية التعرف على الأطفال الموهوبين وتعليمهم ليصبحوا قادة الدولة في المستقبل، حتى يتم التوصل إلى مجتمع أكثر كمالاً. وواصل الرومان الاهتمام

بهؤلاء الموهوبين لتولي مناصب قيادية في الحرب والسياسة. (ووكر وآخرون، 2005، ص177).

وفي بداية التاريخ الإسلامي نجده اهتم بهذه الفئة وأحسن توظيفها في كافة المناشط الحياتية، عندما اتبع منهجية الاختيار وفق الفروق الفردية والمواهب الخاصة، وبحسب طبيعة المهمة. حيث نجد أن المصطفى صلى الله عليه وسلم اعتنى بعبد الله بن عباس رضي الله عنه وهو غلاما عنايةً فائقةً وذلك لما بدا منه من نجابة ونبوغ على صغر سنه (الجديبي، 2005، ص173).

وفي التاريخ الحديث يعد فرانسيس جالتون Francis Galton أول من أجرى دراسة علمية على الموهبة، واستخدم الوسائل الإحصائية في تحديدها خلال كتابه "العبقرية الموروثة" الصادر عام 1869م. وفي نفس الاتجاه أثار عالم النفس الفرنسي الفريد بينيه Alfred Binet الاهتمام بقياس الذكاء عندما صمم أول مقياس لنمو الذكاء في أوائل القرن العشرين. وقام لويس تيرمان Lewis Terman بتطويره ليستخدم في الولايات المتحدة الأمريكية حيث أعيدت تسميته "اختبار ستانفورد-بينيه" Stanford-Binet test فأصبح أكثر اختبارات الذكاء الفردية انتشارا إلى أن طور وكسلر اختباره (جروان، 2002،ص17-19) واستفاد من تطور أدوات القياس تيرمان وأجرى دراسة طولية على 1526 طفلاً يبلغ معامل ذكائهم 140 أو أكثر وتابعت الدراسة هؤلاء الأطفال حتى سن الرشد، حيث فحصت خصائصهم الجسمية وصفاتهم الشخصية وإنجازاتهم المدرسية والمهنية وخرجت بقائمة عن خصائص وسمات الموهوبين. وفي عام 1957م بعد ما أطلق الاتحاد السوفيتي قمره الصناعي "سبوتنيك " سارعت أمريكا لوضع برامج خاصة بتنمية مواهب الطلاب الموهوبين (زينب شقير، 2002، ص174-175).

وفي المملكة العربية السعودية ومع انطلاقة مرحلة التعليم الرسمي فيها عام 1969م صدق مجلـس الوزراء على وثيقـة سياسة التعليم، والتي نصت مادتها

رقم (57) على الاهتمام باكتشاف الموهوبين ورعايتهم، وإتاحة الإمكانيات والفرص المختلفة لنمو مواهبهم في إطار البرامج العامة، وبوضع برامج خاصة بهم، كما نصت أيضا المواد (192-194) على أن ترعى الدولة النابغين رعاية خاصة لتنمية مواهبهم وتوجيهها، وإتاحة الفرص أمامهم في مجال نبوغهم وأن تضع الجهات المختصة وسائل اكتشافهم، وبرامج الدراسة الخاصة بهم والمزايا التقديرية المشجعة لهم، وأن تهيئ للنابغين وسائل البحث العلمي للاستفادة من قدراتهم، مع تعهدهم بالرعاية والتوجيه السليم (وزارة المعارف، 1995، ص14، 35). لكن الأساس العلمي لتنفيذ ما نصت عليه السياسة التعليمية تبلور عندما انتهت مدينة الملك عبد العزيز للعلوم والتقنية عام 1997م من المشروع الوطني للكشف عن الموهوبين ورعايتهم، والذي هدف إلى إعداد برنامج للكشف عن الموهوبين ورعايتهم في ضوء حاجة المجتمع وأهدافه والسياسة التعليمية والإمكانات المتاحة، وتكون من ثلاثة أجزاء متكاملة، هدف الجزء الأول إلى إعداد برنامج للتعرف على الموهوبين والكشف عنهم، والثاني لإعداد برنامج إثرائي في العلوم والرياضيات، كنموذج لبرامج رعاية الموهوبين، والجزء الثالث لتوعية المجتمع حول الموهوبين، بحيث تتضافر جهود المؤسسات الاجتماعية المختلفة في الاهتمام بالموهوبين ورعايتهم (آل شارع وآخرون، 2000، ص6).

وبتأسيس مشروع الكشف عن الموهوبين ورعايتهم في وزارة التربية والتعليم الذي تبنته فور الانتهاء منه في نفس العام دخل حيز التنفيذ، وفي عام1999م جاءت فكرة تأسيس جمعية وطنية في الوزارة لدعم اتجاه الاهتمام بالموهوبين، وعندما رعى خادم الحرمين الشريفين الملك عبد الله بن عبد العزيز- ولي العهد آنذاك - حفل تأسيسها أعلن عن تطوير فكرة الجمعية إلى مؤسسة خيرية ذات شخصية اعتبارية مستقلة لرعاية الموهوبين تعرف بمؤسسة الملك عبد العزيز ورجاله لرعاية الموهوبين (المعاجيني، 2008، ص55). وفي عام 2000م نظرا لحاجة

وزارة التربية والتعليم لإدارة عامة تمثل الجهاز التربوي والتعليمي الذي يقوم بتنفيذ سياسة المملكة العربية السعودية في تربية وتعليم الموهوبين تمت النقلة النوعية لمشروع الكشف عن الموهوبين ورعايتهم ليصبح الإدارة العامة للموهوبين (معلا،2006، ص9).

مفهوم الموهبة والموهوبين:

تعريف الموهبة Giftedness: كلمة موهبة أتت في المعاجم العربية من الأصل وهب، وتجمع كل القواميس العربية على أن كلمة وهب هي العطية أي الشيء المعطى للإنسان والدائم بلا عوض (صالح، 2006، ص7)، كما تتفق المعاجم العربية والإنجليزية على أن الموهبة تعتبر قدرة أو استعداد فطري لدى الفرد، لكن الصعوبة تكمن في تحديد وتعريف بعض المصطلحات المتعلقة بمفهوم الموهبة (ناديا السرور، 2003، ص16)، والصعوبة تأتي من اختلاف الباحثين حول مجالات التفوق التي يعتبرونها مهمة في تحديد الموهبة. فبعضهم يركز على مجالات التفوق في القدرات العقلية العامة، والآخر على القدرات الخاصة أو التحصيل الأكاديمي أو الإبداع أو بعض الخصائص السلوكية والسمات الشخصية، وبالإضافة إلى ذلك، فهناك اختلاف في المستوى الذي يجب أن يعتمد في تحديد الموهبة، وكذلك حول المجتمع الذي يجب اعتماده لينسب أداء الطفل له، أي أن هناك اختلاف أيضاً حول المرجعية التي يجب اعتمادها في تحديد الموهبة (البطاينه وآخرون،2007، ص43).

اختلف الباحثون على تعريف موحد للموهبة Giftedness والتفوق Talent ، أو تحديدهما بمعنى دقيق يميز بينهما، نظراً لكثرة المحددات التي لم يتم الاتفاق عليها مسبقاً (الزعبي، 2003، ص52) مما أدى إلى تنوع وجهات النظر، بظهور العديد من التعريفات للموهبة والتي من أهمها وأكثرها شمولية، الآتي:

1- **تعريف مكتب التربية الأمريكي:** استند تعريف مكتب التربية الأمريكي للموهوبين إلى تقرير مارلاند Marland لعام 1972م والذي عرف الطلاب الموهوبين بأولئك الذين تم تحديدهم من قبل أشخاص مؤهلين علميا، على أنهم الأشخاص القادرون على الأداء المرتفع، وممن لا تخدمهم مناهج المدرسة العادية، وهم بحاجة إلى برامج خاصة ليتمكنوا من خدمة أنفسهم ومجتمعهم (كلنتن،2002، ص22)، ولقد حدد التقرير مجالات الموهبة في واحدة من المجالات الآتية مجتمعة أو منفردة (جروان، 2002، ص57):

1. القدرة العقلية العامة.
2. الاستعداد الأكاديمي الخاص.
3. التفكير الإبداعي.
4. القدرات القيادية.
5. القدرات الفنية الأدائية والبصرية.
6. القدرات النفسحركية.

والجدير بالذكر أن مكتب التربية الأمريكي في عام 1978م أدخل تعديلات على هذا التعريف حذفت بمقتضاها القدرات النفسحركية لكونها متضمنة في القدرات الفنية الأدائية والبصرية، حتى تم التوصل في عام 1981م إلى أن الموهوبين هم أولئك الذين يقدمون دليلا على قدراتهم على الأداء المرتفع في المجالات العقلية والأكاديمية الخاصة والإبداعية والفنية والقيادية، ويحتاجون خدمات وأنشطة مدرسية غير معتادة لتطوير هذه القدرات والاستعدادات بشكل كامل (القريطي، 2005، ص59).

2- **تعريف رينزولي Renzulli:** الموهبة عند رينزولي تتكون من تفاعل ثلاث سمات لا بد من توافرها جميعا لدى الموهوب بالفعل كما في الشكل رقم (1)، وتتضمن هذه السمات (ووكر آخرون، 2005، ص180):

الشكل (1) نموذج رينزولي
للسلوك الموهوب
عن) Renzulli &
(Ries,1997, P:3

1. قدرة فوق المتوسط Above average ability، كما يتضح من انتماء إنجاز الطالب في الفصل إلى الأداء المرتفع.

2. التزام بالعمل Task commitment، كما يتضح من مثابرة الطالب وإنجازه.

3. الإبداع Creativity، كما يتضح من اتباع الطالب طرق مبتكرة في التفكير توصله إلى حلول و تعريفات جديدة للمشكلات.

ويرى رينزولي وسالي ريس (2006) أن الأطفال الموهوبين هم الذين لديهم القدرة على تنمية تلك التركيبة من السمات وتطويرها واستخدامها في أي مجال له قيمته من مجالات النشاط الإنساني في مجتمع معين وزمان معين، وإذا استطاع الطفل تنمية التفاعل بين هذه السمات الثلاث وأظهرها فإنه يحتاج مدى واسعاً ومتنوعاً من الفرص والخدمات التربوية غير المعتادة والتي لا توفرها البرامج التعليمية العادية (ص27).

3- **تعريف جانيه Gagne:** ربما يكون جانيه هو الوحيد الذي ميز بين الموهبة Giftedness والتفوق Talent على أساس نمائي ونظر للموهبة على أنها القدرة وأن التفوق هو الأداء المتميز. (القريطي، 2001، ص140) كما هو مبين في نموذجه الشكل (2) حيث يشير إلى إمكانية اعتبار الشخص ذي الإنجاز المتدني على أنه موهوب في مجال معين ولكن ليس متفوقا فهو يمتلك القدرة (الموهبة) ولكنه لا يمتلك الأداء (التفوق) (سيلفيا ريم وجاري دافيس،2001، ص 27)

وتتضح مكونات هذا النموذج على النحو التالي:

أولاً: مجالات الموهبة: يعتبر جانية الموهبة حالة خاصة من الاستعداد الفطري لدى الفرد وقد يظهر هذا الاستعداد في مجال واحد أو عدة مجالات، وأن هذه القدرات في البداية تكون خام أو مكونات أساسية لتشكيل التفوق لاحقا عند التدريب ومرور الاستعداد بالعوامل المؤثرة في تطوير الموهبة، ولا يمكن أن يكون الفرد متفوقا ما لم يكن في الأصل موهوبا ولكن من الممكن أن لا يصل الموهوب إلى مرحلة التفوق وذلك في حالة عدم توفر العوامل المؤثرة في تطور الموهبة (نورة السليمان،2006، ص55).

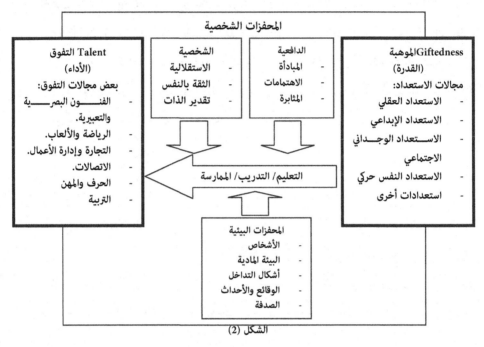

الفصل الأول,تربية وتعليم الموهوبين

المحفزات الشخصية
الموهبةGiftedness
(القدرة)
مجالات الاستعداد:
- الاستعداد العقلي
- الاستعداد الإبداعي
- الاستعداد الوجداني الاجتماعي
- الاستعداد النفس حركي
- استعدادات أخرى
الدافعية
- المبادأة
- الاهتمامات
- المثابرة
الشخصية
- الاستقلالية
- الثقة بالنفس
- تقدير الذات
Talent التفوق
(الأداء)
بعض مجالات التفوق:
- الفنون البصرية والتعبيرية.
- الرياضة والألعاب.
- التجارة وإدارة الأعمال.
- الاتصالات.
- الحرف والمهن
- التربية
التعليم/ التدريب/ الممارسة
المحفزات البيئية
- الأشخاص
- البيئة المادية
- أشكال التداخل
- الوقائع والأحداث
- الصدفة

الشكل (2)

نموذج جانية للتفريق بين الموهبة والتفوق

(عن القريطي، 2005، ص70)

ثانياً: العوامل المؤثرة في تطور الموهبة لتحقيق التفوق: المحفزات التي ذكرها جانية في نموذجه تنطلق من المفهوم الكيميائي للمحفزات التي تسهم في تحويل المواد المتفاعلة إلى مواد ناتجة دون ما تدخل في المكونات الناتجة عن التفاعل. فتنمية الموهبة تعتمد بشكل أساسي على المكونات الرئيسة التي تتحول إلى قدرات محددة ومعقدة يمكن قياسها في صورة أداء (نورة السليمان، 2006، ص58).

ثالثاً: مجالات التفوق: التفوق عند جانيه هو الأداء المتميز للقدرات كما تظهر من خلال المهارات والتي يتم تطويرها بمرورها بالعوامل المؤثرة في تطوير الموهبة

وتظهر تلك القدرات في أحد أو عدة مجالات للنشاط الإنساني (نورة السليمان،2006، ص62).

4- **نموذج تايلور Taylor:** نموذج تايلور متعدد المواهب لا يهتم بتعريف الموهبة والتفوق، ولكنه ينظر إلى الطلاب على أنهم يمتلكون مهارات وأوجه تفوق من نوع آخر. فقد وسع تايلور المواهب إلى تسع مواهب؛ سميت الموهبة الثانية وحتى السادسة منها بمواهب التفكير العقلي وهي: (التفكير الغزير، التواصل، التنبؤ، اتخاذ القرار والتخطيط) وتسهم في عملية الإبداع والقدرة على حل المشكلات. أما المواهب الثلاثة الأخيرة (التنفيذ، والعلاقات الإنسانية، واغتنام الفرص) فهي أساسية في مجال نقل الأفكار إلى الواقع العملي (سيليفا ريم وجاري دافيس، 2001، ص27) كما هو مبين في الشكل (3):

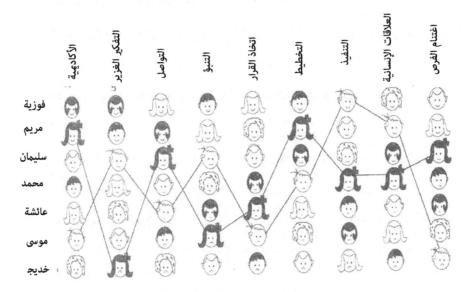

شكل (3)
نموذج تايلور متعدد المواهب

5- **مفهوم جاردنرGardner:** أكد جاردنر على أن كل طفل يمكن أن يكون موهوباً في واحد أو أكثر من مجالات النشاط الإنساني، وعبر عن ذلك بسبعة أنماط من الذكاء (حسين،2005، ص 159)، وبالتالي يمكن لشخص ما أن يكون موهوبا في واحد أو أكثر من الميادين دون سواه، وهي كما يلي (جابر،2003، ص10-12):

1. **الذكاء اللغوي - اللفظي:** ويعني القدرة على استخدام اللغة بفاعلية في التعبير الشفهي والتعبير التحريري من أجل التعبير عما يجول بخاطر الشخص وفهمه للآخرين.

2. **الذكاء الرياضي - المنطقي:** ويتمثل في كيفية التفكير بطريقة علمية ومنطقية صحيحة، والقدرة على التعامل بكفاءة مع الأرقام والكميات والعمليات الحسابية.

3. **الذكاء المكاني - البصري:** ويعني القدرة على ملاحظة وإدراك العالم المكاني- البصري بدقة وتمثيله في العقل.

4. **الذكاء الموسيقي:** ويتمثل في القدرة على سماع الصيغ الموسيقية والتعرف عليها وإدراكها وفهمها والتفكير فيها وعلى الإنتاج الموسيقي والتعبير الموسيقي.

5. **الذكاء الجسمي - الحركي:** ويتمثل في قدرة الفرد على استخدام جسمه كاملا أو جزء منه في إنتاج تشكيل حركي للتعبير عن أفكاره أو مشاعره. كما يتمثل في سهولة استخدام الفرد ليديه في تشكيل الأشياء.

6. **الذكاء الاجتماعي:** ويتمثل في القدرة على ملاحظة الأفراد الآخرين ومراقبة حالاتهم المزاجية واستيعاب حاجاتهم وفهم دوافعهم ومقاصدهم ومشاعرهم والتنبؤ بسلوكهم في المواقف الجديدة ومن ثم التفاعل معهم بكفاءة على هذا الأساس.

7. **الذكاء الشخصي:** ويعني معرفة الذات وفهم الشخص لنفسه والوعي بها والقدرة على التصرف بطريقة متوائمة مع هذه المعرفة والقدرات والمهارات الشخصية.

6- **نظرية المواهب الثلاثية لسيترنبيرج Sternberg:** حدد سيترنبيرج الموهبة بثلاثة أنواع (ريم معوض،2004،ص124):

1. **الموهبة التحليلية:** وهي القدرة على تحليل الصعوبات وربط الأفكار بعضها ببعض.
2. **الموهبة التركيبية:** وتشير هذه الموهبة إلى عملية الإبداع والتأقلم مع المعلومات الجديدة.
3. **الموهبة العملية:** وتكمن في تطبيق القدرات التحليلية أو التركيبية أو كليهما معا وبشكل ناجح في المواقف اليومية.

كما أنه يؤكد أن مركز الموهبة يكمن في التنسيق بين القدرات الثلاث ومعرفة استعمال كل واحدة في الوقت المناسب (سيلفيا ريم وجاري دافيس، 2001، ص28).

واشترط سيترنبيرج خمسة شروط لا بد من توافرها لتحديد الموهوبين (هالاهان وكوفمان، ص802، 2008) وهي:

1. **التميز:** يجب أن يكون الفرد متفوق على أقرانه في مجال أو أكثر.
2. **الندرة:** لا بد أن تكون مجموعة الأقران مكونة من أفراد قليلين هم الذين يمتلكون هذه السمة أو مجموعة السمات.
3. **إمكانية الإثبات:** إمكانية قياس هذه السمة عن طريق مقياس صادق.
4. **الإنتاجية:** أداء الفرد يجب أن يؤدي إلى إنتاج معين أو إمكانية ذلك.
5. **القيمة:** أن يكون أداء الفرد ذا قيمة عند المجتمع.

7- **تعريف وزارة التربية والتعليم للموهوبين:** تبنت وزارة التربية والتعليم في المملكة العربية السعودية تعريف مشروع الكشف عن الموهوبين ورعايتهم، والذي يعرف الموهوب بأنه (آل شارع وآخرون، 2000): "الطالب الذي يوجد لديه استعداد أو قدرة غير عادية أو أداء متميز عن بقية أقرانه في مجال أو أكثر من المجالات التي يقدرها المجتمع، وخاصة في مجالات التفوق العقلي والتفكير الإبتكاري، والتحصيل الأكاديمي، والمهارات والقدرات الخاصة، ويحتاج إلى رعاية تعليمية خاصة لا تستطيع المدرسة تقديمها له في منهج الدراسة العادية" (ص 18).

تصنيف الطلاب الموهوبين:

هناك العديد من التصنيفات التي عمل على تقسيمها المهتمون بالموهوبين منها ما ركز على فئة معينة من الموهوبين دون غيرها ومنها ما شمل فئات متعددة من الموهوبين، فنجد أن مشروع الكشف عن الموهوبين ورعايتهم صنف الموهوبين كما أورد آل شارع (2002، ص30-33) إلى الفئات التالية:

1. **الطلاب الأذكياء:** ويتمثل ذلك في النمو العقلي السريع الذي يتقدم على العمر الزمني ويقاس الذكاء باستخدام اختبار وكسلر لذكاء الأطفال المقنن لهذا الهدف ويصنف منهم من يحصل على 120 درجة فأكثر موهوبا في التفوق العقلي.

2. **الطلاب الموهوبون في التفكير الإبداعي:** ويتمثل ذلك في الاستعداد بالإتيان بأفكار وحلول جديدة ونادرة وغريبة، ويتميز تفكير هذه الفئة من الطلاب بالمرونة والطلاقة في الأفكار والإحساس بالمشكلات، ويقاس ذلك باستخدام اختبار تورانس للتفكير الإبداعي الصورة الشكلية (ب) المقنن لهذا الهدف ويصنف من يحصل على 115 درجة موهوبا في التفكير الإبداعي.

3. **الطلاب الذين لديهم استعدادات في القدرات والمهارات الخاصة:** ويتمثل ذلك في النبوغ والتميز في بعض القدرات الخاصة، سواء كانت أكاديمية أو غير أكاديمية مثل بعض المهارات والمواهب الفنية، وقد صمم لذلك اختبارا في القدرات اللغوية والعددية والمكانية والاستدلالية، كما تم كذلك إعداد اختبار للاستعداد في الرياضيات والتفكير الرياضي، واختبار للميول والاتجاهات لدى الموهوبين.

وأورد صالح (2006، ص24) أن كرونشانك Crunckshank صنف الموهوبين إلى مستويات ثلاث كما يلي:

1. **الأذكياء المتفوقين:** وحددت نسبة ذكائهم بين 120-135 ويشكلون ما نسبته 5%-10%.

2. **الموهوبين:** تتراوح نسبة ذكائهم بين 135-140 إلى 170 ويشكلون ما نسبته 1% -3%.

3. **العباقرة:** تتراوح نسبة ذكائهم 170 فأكثر وهم يشكلون 0.00001% أي ما نسبته واحد من كل مئة ألف.

ووضع بيتس ونيهارت Betts & Neihart كما ورد عند البطاينة وآخرون، (2007، ص78- 79) نموذجا عبارة عن تصنيف نظري يشمل ستة فئات من الطلاب الموهوبين، هي:

1. **الموهوبون الناجحون:** ومن أهم خصائصهم الإنجاز التحصيلي المرتفع، واتباع التعليمات والتوجيهات ومسايرة التقاليد الاجتماعية، والرغبة للوصول إلى الكمالية.

2. **الموهوبون المتحديون:** ومن أهم خصائصهم الإبداع، والشعور بالملل والإحباط، ولديهم حب المخاطرة، ولديهم نوع من التمرد والثورة.

3. **الموهوبون المجهولون:** ومن أهم خصائصهم يظهر عليهم الهدوء والخجل، ولديهم مفهوم ضعيف عن الذات.

4. **الموهوبون الانسحابيون:** ومن أهم خصائصهم يظهر عليهم العنف والغضب، ويظهر هذا الغضب بتصرفات تدل على الاكتئاب، والانسحاب.

5. **الموهوبون ذوو التصنيف المزدوج:** ومن أهم خصائصهم يعانون من إعاقة جسدية أو عاطفية أو الموهوبون من ذوي صعوبات التعلم، وتقديرهم لذواتهم ضعيف، ويشعرون بالعجز والإحباط.

6. **الموهوبون المستقلون:** وأهم ما يميزهم إحساس قوي بذواتهم، ولديهم دافعية للتعلم وحماس ويتميزون بمستوى عال من الصحة النفسية.

وفي تصنيف آخر من نوعه أورده القريطي (2005، ص202-215) تم تصنيف فئات من الموهوبين تحت عنوان الفئات المهملة من الموهوبين:

1. **الموهوبون المعاقون:** يتمتع عدد غير قليل من الطلاب المعوقين باستعدادات عالية ومهارات متميزة، ولا سيما أولئك الذين يعانون من إعاقات جسمية وبصرية وسمعية إلا أن مواهبهم تكون أكثر عرضة للتجاهل والإهمال من قبل أولياء الأمور والمعلمين والاختصاصيين، ومن ثم لا يتم اكتشافهم ويغفل ترشيحهم للالتحاق ببرامج الموهوبين في أحيان كثيرة.

2. **الموهوبون المتأخرون دراسيا:** وهم الطلاب الذين يتناقض مستوى أدائهم التحصيلي المدرسي بشكل ملحوظ مع مستوى مقدراتهم العقلية، حيث تكون معدلاتهم التحصيلية أقل من المتوسط، وفي الوقت ذاته يحصلون على درجات ذكاء وإبداع مرتفعة تضعهم ضمن فئة الموهوبين.

3. **الموهوبون ذوو صعوبات التعلم:** وهم الطلاب الذين يملكون مواهب أو إمكانات عقلية غير عادية بارزة تمكنهم من تحقيق مستويات أداء أكاديمية عالية، لكنهم

يعانون من صعوبات نوعية في التعلم تجعل بعض مظاهر التحصيل أو الإنجاز الأكاديمي صعبة، وأداؤهم فيها منخفضا انخفاضاً ملموساً.

4. **الموهوبون ذوو اضطراب الانتباه**: يوجد تداخل ملحوظ بين بعض المظاهر والخصائص المميزة لنقص الانتباه و نقص الانتباه المصحوب بالنشاط الحركي المفرط وبعض الخصائص السلوكية لدى الأطفال الموهوبين.

5. **الفتيات الموهوبات**: وتوجد هذه الفئة نظرا لإهمال فروق مهمة بين الذكور والإناث عند الترشح للالتحاق ببرامج الموهوبين ناتجة عن التوقعات الاجتماعية والثقافة التقليدية سواء بشأن الأداء الدراسي وخلافه.

وصنفت كاثي ديكسون وآخـرون Cathy Dixon et al (2000، ص14-20) الموهوبين وفق الأنماط التالية:

1. الطلاب متشعبو التفكير.

2. المثاليون.

3. الطلاب مرهفو الإحساس.

4. الطلاب المبدعون المتفوقون.

5. الطلاب المتمردون على المجتمع.

6. الطلاب المخفقون دراسياً.

7. الطلاب المعاقون تعليميا.

السمات الشخصية والخصائص السلوكية للموهوبين:

أشارت دراسات عديدة بتميز الموهوبين عن غيرهم في السمات الشخصية والخصائص السلوكية، ومـن تلك الدراسات: دراسـة لويـس تيرمـان (Terman, 1925) الطولية التي استمرت 35 عاما للتعرف على خصائص الأطفال الموهوبين الذين تزيد درجة ذكائهم عن (140) درجة، ودراسة تيرمان وادون (Terman & Oden,1959) عن خصائص الطلاب المتميزين، ودراسة

هالاهان وكاوفمان (Hallaham & Kauffman,1981) عن السمات الشخصية للموهوبين، ودراسة هيوارد واورلانسكي (Heward & Orlansky,1980) عن الخصائص الانفعالية والاجتماعية للأطفال الموهوبين، ودراسة زميرمن (Zimmerman,1990) عن الصفات الجسمية والعقلية والانفعالية للطلاب الموهوبين، ودراسة رينزولي (Renzully,1983) لقياس الخصائص السلوكية للموهوبين (الزعبي، 2005، ص50). واستفاد الكُتاب والباحثون من هذه الدراسات في تحديد السمات والخصائص مثل (سيلفيا ريم وجاري دافيس، 2001، سيد وسالم، 2003، الزيات، 2002، عبيدات وعقل، 2007، عيسى وخليفة، 2007) ومن أهم هذه الخصائص والسمات التالي:

أولاً: خصائص عامة للطلاب الموهوبين: أورد الزيات (2002، ص119-121) مجموعة من الخصائص السلوكية التي إذا لوحظ بعضا منها أو كلها وخاصة داخل الفصل المدرسي فإنه يمكن أن يكون الطالب من الموهوبين، ومنها:

- يسأل كثيراً ويريد أن يعرف كيف ولماذا تكون الأشياء على ما هي عليه.
- يبدى اهتمامات ملموسة بالقضايا والمشكلات الاجتماعية والسياسية.
- لديه أسبابه المنطقية لتبرير ما يعمله وما لا يعمله.
- يرفض أن يقلد الآخرين في التهجي، واستخدام الحقائق الرياضية والخط.
- ينتقد الأفكار التقليدية التي يبديها الآخرون.
- يبدو مستاء وقلقاً إذا لم يكن العمل على الوجه الأكمل.
- يبدى السأم والملل إذا لم يجد ما يستثيره.
- ينتقل إلى أعمال أخرى قبل استكمال أو إنهاء الأعمال التي يبدؤها.
- يعاود طرح أسئلة تتعلق بموضوعات بعد فترة من تناولها داخل الفصل.
- يبدو غير مرتاح أو غير مستقر يتحرك خارج مقعده في الفصل.
- يكثر من أحلام اليقظة.

- يحب حل المتاهات، والألغاز، والمشكلات.

- لديه أفكاره الخاصة المتعلقة بما يحب أن تكون عليه الأشياء.

- يتحدث كثيرا، ويناقش بمنطق قوي.

- يحب الاستعارات، والكنايات، والأفكار المجردة.

- يحب القضايا الشائكة التي تحتمل الشك والجدل.

ثانياً: الخصائص العقلية المعرفية للطلاب الموهوبين: أورد سيد وسالم (2003، ص75) مجموعة من الخصائص العقلية التي تساعد على التعرف على الموهوبين، ومنها:

- لديه قدرة مرتفعة على الاستدلال وفهم المعاني.

- يقوم بأداء الأعمال العقلية الصعبة.

- يقرأ ويتعلم بسرعة وسهولة أكثر من غيره.

- لديه بصيرة مرتفعة لحل المشكلات.

- يقوم بالعمل بالاعتماد على النفس.

- يظهر إبداعا في حل المشكلات.

- قدرته على التذكر مرتفعة.

- محب للاستطلاع.

- لديه ثراء في حصيلته اللغوية.

- يقظ وذا قدرة على الملاحظة الدقيقة وسرعة الاستجابة.

- يميل إلى المواد الدراسية المجردة أكثر من العملية.

- حاضر البديهة.

ثالثاً: الخصائص الانفعالية والدافعية للطلاب الموهوبين: أورد عبيدات وعقـل (2007، ص17) مجموعة من الخصائص الانفعالية والدافعية التي تساعد على التعرف على الموهوبين، ومنها:

- يتكيف بسرعة مع المواقف الجديدة.

- يرغب في الاستقلال.

- يقاوم الضغوط المفروضة عليه.

- يفضل العمل مع من هم أكبر منه سنا.

- ودود مع الآخرين.

- يمتلك طموحا عاليا.

- يمتلك روح الدعابة.

- يحب العدالة والنزاهة.

- يستمتع بالجمال والحق والخير.

- يرغب في الكمال والمواقف الصحيحة.

- يهتم بالمشكلات الاجتماعية.

- يمتلك عواطف عميقة.

- يشعر باختلافه عن الآخرين.

وهناك خصائص سلبية للموهوبين أشارت إليها سيلفيا ريم وجاري دافيس (2001، ص36) ومنها:

- نمو مبكر غير متوازن.

- مشاكل اجتماعية قد تكون ناتجة عن التفاوت المعرفي.

- قلة إنجاز لا سيما في المجالات غير المهمة.

- عدم القدرة على التكيف في أجواء مشوشة.

- مثالية حادة متطرفة.

- مستويات عالية من إحباط نتيجة توقعاته العالية من الآخرين.

- يوجهون النقد الصريح سواء لأنفسهم أو للآخرين.

- ضعاف في الهجاء ومهملون في الخط أو غير دقيقين في الحساب لأنهم غير صبورين على أداء التفاصيل.

وعندما تم استعراض تصنيف الطلاب الموهوبين تضمن ذلك الموهوبين ذوي التصنيف المزدوج، وهم الذين يعانون من صعوبات بصرية أو تعلمية أو سمعية؛ ومن المناسب أن نعرض بعضا من خصائصهم السلوكية وسماتهم الشخصية الدالة عليهم، على النحو التالي:

أولاً: خصائص الموهوبين ذوي الصعوبات البصرية: يشير ويلارد Willard (عن محمد، 2005، ص219) لمجموعة من الخصائص التي تميز الموهوبين ذوي الصعوبات البصرية منها:

- معدل تعلم سريع.

- ذاكرة نشطة وفعالة بصورة غير عادية.

- مهارات اتصال لفظي ومفردات لغوية ضخمة أو غير عادية.

- مهارات متميزة أو متقدمة أو قدرة غير عادية على حل المشكلات.

- إنتاج أو تفكير أبطأ عن الطلاب العاديين في بعض المجالات الأكاديمية.

- يسهل عليه التعلم باستخدام طريقة برايل.

- مثابرة عالية أو درجة من المقاومة.

- لديهم دافعية عالية للمعرفة.

- أحيانا لديهم معدل أبطأ للنمو المعرفي مقارنة بالطلاب العاديين.

- قدرة ممتازة على التركيز.

ثانياً: خصائص الموهوبين ذوي صعوبات التعلم: يشير عيسى وخليفة (2007، ص98-99) لبعض من الخصائص التي تميز الموهوبين ذوي صعوبات التعلم منها:

- قدرة غير عادية على رؤية العلاقات المتبادلة بين الأفكار والمفاهيم.

- الرغبة في المعرفة، والرغبة في الاستكشاف والاكتشاف.

- الحساسية المفرطة.

- الإحباط بسبب عدم القدرة على إتقان مهارة أكاديمية معينة.

- مهارات متقدمة في حل المشكلات.

- إظهار مهارات ضعيفة في الاستماع والتركيز.

- تنوع الاهتمامات.

- مستوى عال من الإبداع.

- مهارات قوية للتفكير الناقد.

ثالثاً: خصائص الموهوبين ذوي الصعوبات السمعية: يشير وايتمور وميكر Whitemore & Maker (عن محمد، 2005، ص225-226) لمجموعة من الخصائص التي تميز الموهوبين ذوي الصعوبات السمعية منها:

- نمو مهارات الحديث والقراءة يتم دون الحاجة إلى مزيد من التوجيه.

- القدرات على القراءة في سن مبكر.

- ذاكرة متميزة.

- قدرة على الاستفادة من أساليب التعلم داخل الفصول الدراسية.

- القدرة على الإدراك السريع للأفكار المختلفة.

- يكونون في مستوى الصفوف المدرسية التي ينتمون إليها.

- يتأخرون في تحقيق الإنجازات التي يستهدفونها.

- لديهم حث ذاتي على أن يأخذوا بزمام المبادرة في المواقف المختلفة.

- يجدون متعة في التعامل مع البيئة.

- مستوى مرتفع من التفكير الحدسي.

- قدرة متميزة على استخدام اللغة الرمزية حيث يكون لديهم نسق رمزي مختلف.

الكشف والتعرف على الموهوبين:

عملية الكشف عن الموهوبين والتعرف عليهم تمثل المدخل الطبيعي لأي مشروع أو برنامج يهدف لتربية وتعليم الموهوبين. وهذه العملية في غاية الأهمية لأنه يترتب بموجبها تصنيف الطالب على أنه موهوب بينما يصنف آخر على أنه غير موهوب ويتوقف نجاح أي برنامج على دقة عملية الكشف وسلامة الإجراءات المتبعة في اختيار الموهوبين (جروان، 2002، ص101) لذا نوضح مبادئ هذه العملية وطرقها ومراحلها في ضوء ما ورد في أدبيات الموهبة.

مبادئ عملية الكشف والتعرف على الموهوبين: أورد القريطي (2005، ص176-177) المبادئ السبعة الأساسية التي استخلصتها لويس بورترLouise Porter والتي يجب أخذها بالاعتبار في عملية تحديد الطلاب الموهوبين:

1. **التأييد والمناصرة:** ولتحقيق ذلك ينبغي أن تكون أساليب التقييم وأدواته متنوعة، وأن يتم اختيارها على أساس مدى كفاءتها في الكشف عن مختلف أشكال الموهبة ومظاهرها، والعمل على تلبية احتياجات الموهوبين.
2. **الموثوقية:** يجب أن تختار أساليب التقييم بناء على المراجعة الدقيقة لنتائج البحوث المرتبطة بالكشف عن الموهبة، وأن تستخدم كل أداةٍ في تقييم ما صممت من أجله، وفي المرحلة المناسبة لها من مراحل الكشف والتعرف.
3. **العدالة والمساواة:** بحيث يغطي التقييم بوسائله المتعددة كل الأفراد والجماعات حتى يتم تمثيلها في البرامج المتاحة لتربيتهم وتعليمهم.
4. **التعددية:** بمعنى تبني عملية التشخيص والتقييم على المفهوم الموسع للموهبة ولا تقتصر على استخدام مقاييس الذكاء فحسب.
5. **الشمولية:** كلما أسفرت عملية الكشف والتعرف عن إظهار مواهب عدد كبير من الأطفال قلت أخطاء التقييم (الرفض الزائف).

6. **العملية:** بمعنى حسن توظيف وسائل التقييم في ضوء الإمكانات المادية المتاحة، والاختصاصيين القائمين على عملية الكشف والتقييم.
7. **الارتباط بتخطيط البرامج:** فمن الضروري أن تكون وسائل التقييم ذات وظائف أبعد من مجرد التشخيص كتحديد مواطن القوة لدى الأطفال وكذلك احتياجاته.

أدوات التعرف على الموهوبين: تتعد أدوات الكشف والتعرف على الموهوبين وفق طبيعتها ومحتوى كل منها ومظهر الموهبة الذي تقيسه، ومن أهم الأدوات المستخدمة في تقييم الموهوبين ما يلي (محمد، 2005، ص58-59):

1. الاختبارات والمقاييس.
2. ملاحظات الوالدين.
3. ترشيحات المعلمين.
4. ترشيحات المختصين.
5. ترشيحات الأقران.
6. التقارير والسير الذاتية.
7. ملف أداء الطالب.

مراحل الكشف عن الموهوبين: ذكر القريطي (2001، ص177-179) أن عملية الكشف والتعرف على الموهوبين تأخذ عدة مراحل تتمثل فيما يلي:

أولاً: مرحلة المسح: مرحلة التجميع الأولى للطلاب المتوقع أن يكونوا موهوبين، على أن يتم اخذ الاعتبارات التالية:

- تعدد مصادر الترشيح و تنوعها.
- تبني تعريف واضح ومحدد لمعنى الموهبة.
- طبيعة برنامج الرعاية تنسجم مع تعريف الموهبة.
- العدد المتاح قبوله في برنامج الرعاية.

ثانياً: مرحلة التشخيص والتقييم: مرحلة التصفية والتقييم الدقيق لمن تم ترشيحهم في المرحلة الأولى باستخدام الأدوات المناسبة والمقننة لهذا الغرض، فتطبق عدة مقاييس واختبارات فردية وجمعية لتحديد الطلاب الموهوبين. ومن هذه المقاييس والاختبارات ما يلي (ليلى الصاعدي،2007، ص55-66):

- اختبارات الذكاء الفردية المقننة على البيئة كاختبار ستانفورد بينيه واختبار وكسلر.

- اختبارات الذكاء الجمعية كاختبار القدرات العقلية الخاصة.

- مقاييس الإبداع مثل مقياس تورانس للتفكير الابتكاري.

- مقاييس الإبداع في المجالات النوعية أو الخاصة.

- اختبارات الاستعدادات الأكاديمية للتحصيل الدراسي العام أو الخاص في مجال معين.

- مقاييس الميول والاتجاهات.

- مقاييس الشخصية.

- مقاييس السمات السلوكية.

وفي المرحلتين السابقتين يحدد كلنتن (2002، ص36-38) أسلوبين لتحديد الموهوبين هما:

1. **أسلوب القمع:** يعتمد هذا الأسلوب عند اختيار الطلاب على أساس اجتياز المقاييس وفق ترتيب يضعه المسؤول. ويتميز هذا الأسلوب بسهولة التطبيق، ومراعاة الإمكانات، والتصفية بطريقة لا مجال للمداخلات فيها، والقدرة على التحكم في الأعداد حسب النسب والميزانية المقترحة. لكن يعاب على أسلوب القمع عدم مراعاة الفروق الفردية، وعدم ترتيب المقاييس بشكل منطقي يتسبب في فقدان المواهب الخاصة، واحتمالات فقدان الطلاب الموهوبين أكبر من احتمالات شموليتهم.

2. **أسلوب الجدول:** ويعتمد على جمع جميع البيانات الموضوعية والتقديرية عن جميع الطلاب ليتم ترشيح الطالب بموجب نتائج المقاييس المستخدمة للبرنامج المناسب. ويتميز أسلوب الجدول ببناء قاعدة معلوماتية عن جميع الطلاب بشكل شبه دقيق، وإمكانية تحديد جوانب القوة، والضعف لدى كل طالب، وتخطيط البرامج الإثرائية والداعمة بشكل دقيق وفاعل، وترشيح الطلاب بشكل فاعل للأنشطة والبرامج، ومتابعة الطالب لإبراز السلوك الموهوب، وتطوير أدائه طول فترة مشاركته في برنامج الموهوبين. ويعاب على أسلوب الجدول حاجته للتجهيزات كبيرة، وإلى كثير من الوقت مقارنة بأسلوب القمع.

ثالثاً: تقييم الاحتياجات: في هذه المرحلة يتم تحديد الاحتياجات التربوية والتعليمية للطالب في إطار مجال موهبته وتفوقه وتاريخه التعليمي والشخصي، وكذلك احتياجاته النفسية والإرشادية في ضوء نتائج ما تم تطبيقه في المرحلة السابقة من مقاييس خاصة بسمات الشخصية وتقدير الذات ومستوى الطموح والدافعية، إضافة إلى احتياجاته الاجتماعية في ضوء الخلفية الأسرية والاجتماعية والاقتصادية والثقافية.

رابعاً: اختيار البرنامج المناسب والتسكين: في هذه المرحلة يتم توجيه الطالب الموهوب إلى المكان المناسب للخدمات التي يحتاجها أو إحالته إلى البرنامج التربوي الملائم لاحتياجاته الخاصة. ومن أمثلة أنواع البرامج والخدمات الخاصة للموهوبين (أبو نصر، 2004، ص110):

- التعليم الإثرائي داخل الفصل العادي أو في فصول خاصة.

- الدراسة المستقلة ووحدات الدراسة الذاتية.

- غرفة مصادر الموهوبين.

- الإلحاق المزدوج بصفين دراسيين.

- المدارس الخاصة.

- الإسراع.

- ضغط المنهج.

خامساً: التقويم: هذه المرحلة يتم فيها تقويم مدى تقدم الطالب في دراسته للبرنامج الملتحق به، على أن تتم عملية التقويم بصورة مستمرة أثناء التنفيذ وفي نهاية البرنامج.

وفي ضوء مبادئ عملية الكشف والتعرف على الموهوبين السابقة الذكر أورد القريطي النموذج الذي اقترحته لويس بورتر لتقييم استعدادات الأطفال واحتياجاتهم الشكل (4)، وتكمن أهميته في عدم تجاهل الأطفال الموهوبين الذين لا يمكنهم إظهار مقدراتهم من خلال معاملات ذكاء مرتفعة على الاختبارات، كما أنه يتجنب إهمال الأطفال ذوي الخلفيات الثقافية المتباينة والمحرومين تعليمياً وذوي صعوبات التعلم، وترى لويس بورتر أن درجات اختبارات الذكاء قد تساعد في التحقق من موهبة الطفل لكنها بمفردها لا تعد كافية للحكم على طفلٍ ما بأنه غير موهوب (القريطي، 2005، ص215)

يتضمن النموذج كما يتضح سلسلة متتابعة من الخطوات تبدأ بالمنهج الإثرائي لتهيئة الفرصة أمام الطلاب لإظهار مواهبهم وجوانب تفوقهم، تليها المرحلة الثانية التي تتطلب تعاونا بين أولياء الأمور والمعلمين لتحديد احتياجات الطلاب، وهنا تستخدم الاختبارات والمقاييس بصفه مستمرة ويحال الطلاب الذين لا يسهل الكشف عنهم إلى الاختصاصيين النفسيين لتطبق اختبارات معيارية عليهم للتقليل من الرفض الزائف في الكشف والتعرف على الموهوبين (القريطي، 2005، ص217).

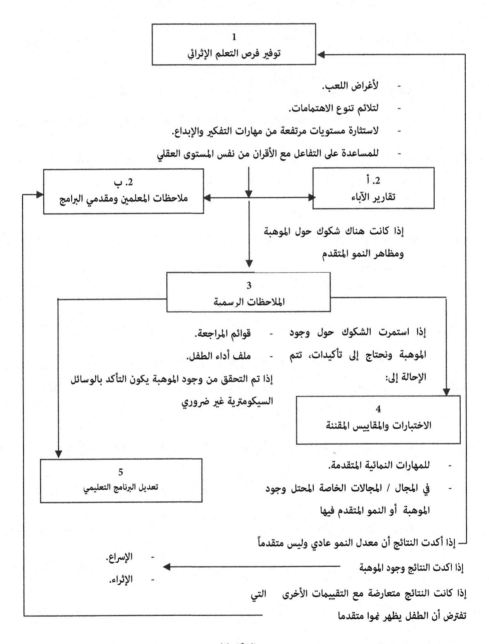

الشكل (4)

نموذج بورتر للتعرف على استعدادات الطفل ونموه المتقدم

(عن القريطي، 2005، ص215)

حاجات الموهوبيـــن:

يتميز الموهوبون بأنهم لهم حاجات خاصة بسبب ما يمتلكونه من خصائص عقلية، وجسمية، وانفعالية، واجتماعية لا تستطيع المدارس العادية تحقيقها، وأهم هذه الحاجات (الزعبي، 2003، ص 91):

- الحاجة إلى مزيد من التفوق والإنجاز بشكل يتناسب مع ما لدى الموهوبين من إمكانات وكفاءات عقلية تؤهلهم إلى ذلك.

- الحاجة لمزيد من الاهتمام من قبل الأهل والمدرسين لدفعهم لمزيد من الإنجاز.

- الحاجة إلى برنامج دراسي خاص يتناسب مع قدرات الموهوبين وإمكاناتهم بفاعلية.

- الحاجة إلى مزيد من تقدير الآخرين ليتناسب مع ما يشعرون به من مفهوم عال للذاتية، وتقدير لذواتهم.

- الحاجة إلى الاندماج الاجتماعي الذي يوفر لهم الأصدقاء المناسبين.

كما أوردت ليلى الصاعدي (2007، ص41) الحاجات التالية:

- الحاجة لحب الاستطلاع العقلي، والبحث عن المعاني والعلاقات الجديدة.

- الحاجة لاستثارة الخيال والتخيل وتنمية مهارات التفكير.

- الحاجة لتنمية بعد الرؤية ليدرك إمكانات المستقبل وحقائق الحاضر وتراث الماضي.

- الحاجة لإتقان مهارات الاتصال.

التعقيب على الفصل الأول:

يتضح من العرض السابق لتربية وتعليم الموهوبين، أن تربية وتعليم الموهوبين في المملكة العربية السعودية لم تكن بمعزل عن تربية وتعليم العاديين بل تضمنتها السياسة التعليمية في أربعة مواد نصت على اكتشافهم والاهتمام بهم وتقديم

البدائل التربوية المناسبة بمختلف صورها لتلبية احتياجاتهم التربوية والتعليمية، وهذا ليس بمستغرب في ظل حكومة تدرك أن الموهوبين ثروة كبرى وكنوز ثمينة يجب الاهتمام بهم لخدمة المجتمع، لكن وإن تأخرت وزارة التربية والتعليم قرابة الثلاثين عاما في إيجاد الجهاز التربوي والتعليمي الذي يقوم بتنفيذ تلك السياسة إلا أنها وفقت بإيجاد الإدارة العامة للموهوبين المسؤولة عن تحقيق ذلك والتي توجب عليها أن تشمل خدماتها كل فئات الموهوبين.

وبالرجوع إلى تعريف وتصنيف الموهوبين عند الإدارة العامة للموهوبين والذين تم حصرهم في الطلاب المتفوقين عقليا، والطلاب الموهوبين في التفكير الإبداعي، والطلاب الموهوبين في القدرات العقلية والمهارات الخاصة، وفق ما تحدده المقاييس المستخدمة لذلك والتي قننت وبنيت لتحديد هذه الفئات ولمراحل عمرية معينة دون غيرهم من فئات الموهوبين الأخرى وجب التأكيد على أن يخضع اختيار الطلاب للالتحاق بالبرامج التربوية المختلفة إلى محكات متعددة تراعي جميع فئات الموهوبين بما فيهم الموهوبون ذوو التصنيف المزدوج، ولا تغفل التدخل المبكر لتحديد الأطفال الموهوبين وتقديم الخدمات المناسبة لهم.

والجدير بالذكر أنه ليس من السهل كتابة تعريف إجرائي للموهبة يشمل جميع جوانبها مع مراعاة سلسلة من الاعتبارات المهمة جدا والتي من أهمها مكونات البرنامج الذي يلتحق به الطالب والذي تكمن جودته في مدى تحقيقه وتلبيته لاحتياجاتهم النفسية والاجتماعية والتعليمية والفكرية والروحية، لكن يسهل ذلك عندما تتعدد الاستراتيجيات والبرامج لتخدم جميع فئات الموهوبين وعلى كافة مراحلهم العمرية لا سيما في السن المبكر من عمر الطفل، وتراعي التفاوت في تطور نموهم الانفعالي والاجتماعي عن مهاراتهم المعرفية واللغوية وفق ما تحدد ذلك خصائصه السلوكية وسماتهم الشخصية.

الفصل الثاني

مناهج وطرق تدريس الموهوبين

* المبادئ العامة التي تقوم عليها مناهج الموهوبين.
* افتراضات تخطيط المناهج للموهوبين.
* فلسفة المناهج للموهوبين.
* سمات منهج الموهوبين.
* الأهداف العامة لبرامج الموهوبين.
* متطلبات التخطيط لبرامج الموهوبين.
* التخطيط لبرامج الموهوبين.
* خطوات إعداد برامج الموهوبين.
* استراتيجيات تربية وتعليم الموهوبين.
* تدريس الموهوبين في الفصول العادية.
* معلم الموهوبين.
* التعقيب على الفصل الثاني.

الفصل الثاني

مناهج وطرق تدريس الموهوبين

مقدمة:

يتطلب تخطيط مناهج خاصة بالموهوبين معرفة حاجاتهم وخصائصهم، والتي لا شك أنها تؤثر علي أدائهم وتحصيلهم على افتراض أن المدرسة المؤسسة التي يتم فيها صقل وتطوير المواهب والقدرات بعد اكتشافها (البسطامي، 1995، ص181) وطالما أن الطلاب الموهوبين يستحقون منهجاً يتلاءم ومواهبهم فهذا يفترض منا أن نعدل أو نغير مناهج الدراسة الحالية المعمول بها، ولكن المشكلة لا تكمن في هذا التعديل البسيط إنما هي في فحوى المادة الدراسية المقررة وكيفية تدريسها (خوري، 2002، ص48) ومهما كانت الأماكن التي يحصل من خلالها الموهوبون على التعلم، سواء كان هذا التعلم يتم في فصول دراسية شاملة في مدارس نموذجية أم من خلال برامج متنوعة ومصادر تعلم مختلفة فإنهم يحتاجون لمنهج متنوع وملائم لهم، مصمم لكي يخاطب خصائصهم الفردية واحتياجاتهم الفردية، وقدراتهم واهتماماتهم (إبراهيم، 2003، ص163).

للموهوبين مناهج تعليمية خاصة يتم إعدادها حسب الاهتمامات والمراحل العمرية والتعلم التراكمي، ومن أهم مميزاتها الاختلاف عن المنهج المدرسي العادي، كما تتسم بالتحدي والتوسع والتعمق والتعقيد، كما يجب على معلمي الموهوبين اعتماد طرق تدريس متنوعة تراعي تنوع الفروق الفردية الدقيقة بين الموهوبين أنفسهم، وتنوع القدرات العقلية واختلاف مستوياتها فيما بين الموهوبين أنفسهم، كذلك تنوع أنماط التعلم وأنماط التفكير وتعدد الاهتمامات (الخطيب وآخرون،2007، ص371).

ولقد تعددت تعريفات المنهج ومنها تعريف سعادة وإبراهيم (2004) بأنه "مخطط تربوي يتضمن عناصر مكونة من أهداف ومحتوى وخبرات تعلمية وتدريس وتقويم، مشتقة من أسس فلسفية واجتماعية ونفسية ومعرفية، مرتبطة بالمتعلم ومجتمعه، ومطبقة في مواقف تعلمية تعليمية داخل المدرسة وخارجها تحت إشراف منها، بقصد الإسهام في تحقيق النمو المتكامل لشخصية المتعلم بجوانبها العقلية والوجدانية والجسمية وتقويم مدى تحقق ذلك كله لدى المتعلم" (ص62). من أجل أن تتضح الصورة لمناهج الموهوبين سيتم استعراض المحددات والأساليب والطرائق التي يمكن باتباعها أن نحقق المتطلبات التربوية والتعليمية للموهوبين من خلال هذه المناهج وطرق التدريس الخاصة بهم.

المبادئ العامة التي تقوم عليها مناهج الموهوبين:

أورد جلاتهورن وفورسمان (1995، ص499) مجموعة من المبادئ لتخطيط مناهج الموهوبين التي اقترحها مجلس المناهج الوطني لمؤسسة تدريب القيادات في مجال تعليم الموهوبين في أمريكا وتتمثل هذه المبادئ فيما يلي:

1. أن يركز محتوى منهج الموهوبين وينظم بحيث يشتمل على دراسة دقيقة ومركبة وعميقة للأفكار والمشكلات والموضوعات الرئيسة التي تجعل المعرفة متكاملة عبر كل نظم التفكير.
2. أن يسمح منهج الموهوبين بنمو وتطبيق مهارات التفكير الإبداعي حتى تساعد الطلاب على إعادة تصور وفهم المعرفة المتاحة وكذلك توليد المعرفة الجديدة.
3. أن تمكن مناهج الموهوبين الطلاب من استكشاف المعرفة المتجددة باستمرار لكي تمكنهم من تكوين الاتجاه الذي يعتبر المعرفة جديرة بتتبع مصادرها في عالم مفتوح.
4. أن يشجع المنهج الطلاب الموهوبين على التعرض للمصادر المتخصصة والمناسبة واختيارها واستخدامها.

5. أن تدعم مناهج الموهوبين تعلم ونمو المبادرة الذاتية والتوجيه الذاتي.

6. أن يسمح منهج الموهوبين بنمو المفهوم الذاتي وفهم علاقة الفرد بالأشخاص الآخرين وبالمؤسسات المجتمعية وبالطبيعة وبالثقافة.

7. أن تنساق إجراءات تقويم منهج الموهوبين مع المبادئ التي وضعت مسبقا بحيث تركز على مهارات تفكير العليا والإبداع وكذلك التميز في الأداء.

8. أن يستخدم مناهج الموهوبين معايير محددة ومناسبة تتضمن التقدير الذاتي، وأدوات تقويم مرجعية المعايير ومقننة لتقويم منتجات تعليم الطلاب الموهوبين.

افتراضات تخطيط المناهج للموهوبين:

هناك افتراضات على مخططي مناهج الموهوبين ينبغي مراعاتها عند تخطيط هذه المناهج أشارت لها ناديا السرور (2003، ص169) والتي من بينها الآتي:

1. منهج المدرسة العادية تم تخطيطه للطلاب العاديين، وفي كثير من الأحيان يكون غير ملائم للطلاب الموهوبين.

2. يخطط منهج الموهوبين في ضوء احتياجات الطلاب الموهوبين بدلا من الإضافة أو الحذف في المناهج المعدة للطلاب العاديين.

3. عملية تطوير المنهج للموهوبين، تعتبر عملية طويلة الأمد، وتتضمن تكييف المنهج الحالي وتعديله واعتماده على نتائج البحث العلمي في ميدان الموهوبين، كما أنها تساعد في تطوير منهج جديد.

4. تصاغ وثيقة منهج الموهوبين وتوزع على كافة الفئات ذات العلاقة بتطوير المنهج.

5. المنهج لا بد أن يفيد كافة الموهوبين بتعدد فئاتهم وبشكل موسع (جويسي فان تاسيل باسكا وتامرا ستامبا،2007، ص60).

فلسفة المناهج للموهوبين:

يشير أغلب التربويين إلى أهمية وجود فلسفة للمناهج، ومناهج الموهوبين تقوم أيضا على فلسفة قريبة من أهداف المجتمع وتطلعات أفراده الموهوبين (الجاسم، 1994، ص23) وأوردت جويسي فان تاسيل باسكا وتامرا ستامبا Joyce Van Tassel Baska & Tamra Stambaugh (2007، ص25-27) مجموعة من التوجهات الفلسفية لما يمكن أن تكون عليها مناهج الموهوبين وهي:

1. **المنهج كعملية لتطوير عمليات التفكير**: يركز هذا التوجه في تعليم الموهوبين على تطوير مهارة العمل، ويفترض أن تعلم المهارات المعرفية سوف يؤدي إلى التعامل الجيد مع المواقف التي يواجهها الطالب.

2. **المنهج كعملية تقنية**: يركز هذا التوجه على تنظيم المنهج على شكل مدخلات ومخرجات للطلاب الموهوبين وتعتمد هذه الطريقة على أهدافٍ سلوكيةٍ محددةٍ مع مخرجاتٍ مقاسةٍ يمكن اختبارها من أجل تحديد الإنجاز التعليمي.

3. **المنهج كعملية لبناء الشخصية**: يركز هذا التوجه على تضمين المنهج تجارب وخبرات محددة تعمل على إشباع حاجات الطالب الفردية واهتماماته ليكون جاذباً ويوفر تجارب كاملة وحقيقية توفر النمو المتكامل والفهم على كل مستويات المعرفة لدى الطالب.

4. **المنهج كإعادة بناء اجتماعي**: يعتبر هذا التوجه أن الهدف من التعلم هو أن يكون أداةً للتغيير الاجتماعي. ويؤكد على أن الموضوعات يتم اختيارها من أجل غرس برامج اجتماعية مطلوبة في البيئة المحلية الواقعية للطالب وغرس المسؤوليات الاجتماعية الفردية والجماعية لديه.

5. **المنهج كعملية لجعل التعليم وظيفيا**: يلتزم هذا التوجه بالتعليم التقليدي المثالي كطريقة تساعد الطالب على فهم الأفكار العظيمة والقدرة على تحليل وتركيب

الإنجازات السابقة، فهي تبين محتوى العمل الذي يركز على التطور باعتباره ثقافة.

6. **المنهج كعملية تأهيل مهني:** يركز هذا التوجه على فهم وتقدير المهنة المستقبلية، ويعتبر المنهج تمهيداً لمهنة المستقبل ويربط الطالب بالممارسة العملية في مجاله.

سمات مناهج الموهوبين:

أوضح باترسون Patterson (عن زيتون، 2003، ص89) ضرورة تخطيط مناهج تتسم بالتميز مقابل حاجات الموهوبين، ولذلك فإن مناهج الموهوبين ينبغي أن تتسم بسمات أهمها التكامل بين مجالاته المختلفة، والتنوع، والجدة، والاستقلال، والشمول، والإسراع، ومستوى عال من التفكير، والتحدي، وفهم الذات، والتقويم، والعمق والاتساع، والاختيار، والتعقيد، وأن يقوم على مهارات البحث وطرقه، وكذلك تكون المهام فيه مفتوحة النهاية.

الأهداف العامة لبرامج الموهوبين:

الأهداف العامة في المناهج تمثل منطلقات أساسية لمخططي المنهاج أو مستخدميها بصورة عامة (الخوالدة، 2004، ص22) فنجد أن جويسي فان تاسيل باسكا وتامرا ستامبا (2007 ص67) حددتا أهداف برامج الموهوبين في أحد أو جميع الأهداف الآتية:

- تطوير وإتقان المهارات الأساسية للقراءة والرياضيات بالسرعة والعمق الملائم لقدرات الموهوبين.

- ممارسة التفكير الناقد والقدرة على التفسير.

- توفير بيئة تشجع على التفكير التباعدي.

- تعزيز مواقف التحدي والاستقصاء تجاه التعلم.

- تطوير مهارات التواصل الشفوية والكتابية بشكل عالي.

- توسيع الفهم للأنظمة المعرفية، والموضوعات، والمسائل، والمشكلات التي تشكل العالم الخارجي.

- تنمية الذات، ومعرفة مواطن القوة والضعف لدى الطلاب.

- توفير فرص إثرائية للتعلم من خارج المدرسة، لتحقيق احتياجات الموهوبين.

- تحسين فرص التخطيط والتطوير المستقبلي.

- تطوير مهارات وأساليب البحث.

وأضاف الخطيب وآخرون (2007، ص359) إلى جانب ذلك الأهداف التالية:

- التعرف المبكر على هذه الفئة.

- توفير البيئة الداعمة لتطوير قدراتهم وحمايتها من التراجع.

- توفير البرامج التربوية التي تدفع بقدراتهم إلى أقصى مدى ممكن.

- التوجيه نحو التخصص المستقبلي في سن مبكرة، وإعدادهم ليكونوا قادة في حقول المعرفة المختلفة أيا كانت مواقعهم، بما يخدم حاجات المجتمع وتقدمه.

- استثمار طاقاتهم وإمكاناتهم لأطول مدة زمنية ممكنة في التنمية والإنتاجية الفاعلة.

- إعداد الكفاءات للعمل في المجالات الحساسة والرئيسة حسب الخصوصية التي يعتمد عليها مستقبل المجتمع.

- الحماية من الانسحاب والتسرب من المدارس أو الانحراف لأن خطورة انحرافهم وضرره على المجتمع يفوق خطورة انحراف الأفراد العاديين.

متطلبات التخطيط لبرامج الموهوبين:

بشكل عام هناك مقومات أساسية لا بد أن تتوافر وتؤخذ بعين الاعتبار عند تخطيط برامج الموهوبين مهما اختلف نموذج إعدادها والتي من بينها نموذج رينزولي، شلختر، تريفنغر، كابلن، بمبو، بتس، فرانك، تيلر، وغيرهم (الخطيب، وآخرون، 2007، ص 363) والمقومات التي ترافق تخطيط البرامج كما أوردتها سيلفيا ريم وجاري دايفس (2001، ص 65-80) تسير على النحو التالي:

1. **تحديد وتقويم الاحتياجات:** والهدف هنا تحديد الفجوة بين الوضع الحالي للمناهج والمناهج المنشودة والمأمول.

2. **تدريب العاملين في البرنامج:** ويتم هنا تدريب المدرسين والعاملين في البرنامج وتحديد الوضع الحالي لتربية الموهوبين، والتعرف على الخطط والتشريعات القانونية بقصد وضع خطه مناسبة.

3. **فلسفة البرنامج وخطته المكتوبة:** توضيح فلسفة برنامج الموهوبين وأهدافه أمر مهم، لأن أولياء الأمور والمعلمين يحتاجون معرفة مبررات البرنامج وأهدافه. مع مراعاة أن تشمل خطته المكتوبة تعريف الموهبة، والفلسفة والأهداف، وأساليب التعرف والاختيار، واستراتيجيات التدريس، وتقويم البرنامج.

4. **أنماط المواهب الواجب تنميتها:** تحديد أنماط المواهب يرتبط بالتعرف على الطلاب الموهوبين الذي يفترض أن يلتحقوا ببرنامج الموهوبين، كما أن له علاقة بخطط البرنامج المقترح.

5. **أساليب تحديد الموهوبين ومعايير اختيارهم:** في هذا المجال لا بد من مراعاة انسجام أدوات التعرف مع تعريف الطلاب الموهوبين الذي تبناه البرنامج، والتنسيق بين أدوات التعرف ونمط البرنامج الذي يجري التخطيط لتنفيذه، وكذلك يجب أن تكون أساليب التعرف مقنعة للمجتمع.

6. **الفئات الطلاب الموهوبين**: ينبغي في برنامج الموهوبين تمثيل الطلاب الموهوبين وفق ميزان انتقاء عادل ومنصف بحيث يشمل فئات الطلاب المحرومين، والأقليات، والمعوقين، وذوي الدخل المحدود من الموهوبين، والطلاب الموهوبين ذوي التحصيل والإنجاز المتدني.

7. **مهام العاملين مع الموهوبين ومسؤولياتهم**: من المهم تحديد المسؤوليات والأدوار التي سيقوم بها العاملون وكيف ومتى يتم ذلك.

8. **تأمين خدمات تدعيمية**: البرنامج الناجح للطلاب الموهوبين يتطلب إلى جانب المعلمين القائمين على البرنامج مجموعة من الخبراء وأصحاب الاختصاص.

9. **البدائل التربوية الإثراء والإسراع**: هناك عدة نماذج للمناهج تشكل قاعدة ومنطق لتخطيط وتنفيذ استراتيجيات الإسراع أو الإثراء وسيتم التحدث عنها لاحقا.

10. **الهيكلة التنظيمية والإدارية لتخطيط برامج الموهوبين**: تحتاج معظم الخطط لبرامج الموهوبين تعديلات في هيكلة الإدارة المدرسية والتنظيمية، والميزانية والمستلزمات التعليمية والتشريعات التي تضمن نجاحها وتحقق أهدافها.

11. **احتياجات النقل والموصلات**: خطط النقل والموصلات ولو اعتبرت بسيطة إلا أنها مهمة لا يمكن تجاهلها عند التخطيط ولا بد من الإعداد المسبق لها.

12. **موارد المجتمع ومصادر التعلم**: موارد المجتمع والخبراء والمؤسسات فيه تشكل مصادر ثرية لا يمكن الاستغناء عنها في برامج الموهوبين، مثل خطط الإرشاد، والزيارات والرحلات، لذا لا بد أن تراجع موارد المجتمع الكامنة ويجرى تبويبها ضمن الخطط.

13. **التدريب وورش العمل أثناء الخدمة**: ورش العمل والتدريب أثناء الخدمة تقدم خلالها المعلومات النوعية والإجرائية.

14. **الاحتياجات المالية وتحديد بنودها:** إذا أردنا ترتيب برنامج صحيح متكامل علينا توفير المصروفات التي تغطي كافة الأمور الأساسية كمكافآت العاملين والمستلزمات التعليمية والقرطاسية ومصروفات التدريب والتنقل وخلافه من المصروفات التي يتطلبها البرنامج.

15. **تقويم البرامج:** تقويم برنامج الموهوبين موضوع مهم ومعقد لا بد أن يكون ومنذ البداية جزءًا لا يتجزأ من مكونات تخطيط البرنامج، من أجل الانطلاق فيه، على أن يشمل جميع مكوناته وبكافة أساليب التقويم. فالهدف الرئيس للتقويم هو تحديد مدى نجاح التنفيذ لخطة البرنامج. لكن علينا أن نعلم بأن المعلومات المتعلقة بالتقويم الجيد سيكون لها أثر واضح في بقاء البرنامج واستمراره واستمرار المخصصات المالية وزيادتها أو تعديل البرنامج وتحسينه.

التخطيط لبرامج الموهوبين:

هناك أربع أسس رئيسة لأي برنامج يتم تخطيطه للموهوبين (سيلفيا ريم وجاري دايفس،2001، ص63-64) في ضوء ما ورد في نموذج تريفنغرTreffinger تتضمن عدة تساؤلات ينبغي الإجابة عليها لتخطيط البرنامج، هي:

1. **فلسفة البرنامج وأهدافه:**

- ما موقفنا واتجاهاتنا نحو الطلاب الموهوبين؟
- لماذا نقوم بتقديم البرنامج؟
- ماذا نريد تحقيقه وإنجازه؟

2. **التعريف والاختيار:**

- ماذا نعني بالموهوب؟
- ما مستويات وفئات المواهب، والموهوبين التي سيقوم البرنامج بخدمتها؟
- كيف سيتم الاختيار؟

3. **التوجيه والتدريس والبدائل التربوية الإسراع والإثراء:**

- ما احتياجات الطلاب؟

- كيف يتم تلبية تلك الاحتياجات على أفضل وجه؟

- كيف يتم تنفيذ خطط التدريس ؟

4. **التقويم:**

- هل كان البرنامج ناجحا؟ كيف نعرف مدى النجاح؟

- ما الإنجازات الخاطئة ؟

- ما التغيرات التي سنقوم بإجرائها؟

خطوات إعداد برامج الموهوبين:

وبناء على ما سبق عرضه من متطلبات وأسس تخطيط برامج الموهوبين نعرض خطوات إعداد برنامج للموهوبين والمتمثلة في الخطوات التالية (الخطيب وآخرون، 2007، ص364- 365):

أولاً: رسالة البرنامج: وهي الرؤية الواضحة والمحددة، والتي تنبثق من الفلسفة العامة للتعليم في الدولة، ومن حاجات المجتمع.

ثانياً: أهداف البرنامج: وهي الترجمة التفصيلية للرؤية والفلسفة العامة للبرنامج، على أن تصاغ هذه الأهداف الرئيسة للبرنامج بصورة واضحة ومحددة يمكن تحقيقها في منجزات البرنامج.

ثالثاً: التعريف: ينبغي أن يعتمد البرنامج تعريفاً محدداً وواضحاً للطلاب الموهوبين المستهدفين من البرنامج بهدف تعليمهم تعليما خاصًا يلبي احتياجاتهم.

رابعاً: التوعية: تعتبر المرحلة الأولى التي يقوم عليها البرنامج مرحلة نجاحه واستمراره، وتستهدف عدد من الفئات (خولة يحيى، 2006، ص306)، هي:

- أهالي وأولياء أمور الطلاب: ويتم توعيتهم بطبيعة البرنامج، ومراحله، وأهدافه، والفئة المستهدفة والنتائج المرجوة منه، لإيجاد فئة داعمة على المدى البعيد.

- توعية أصحاب القرار: وتكون باطلاعهم على كل ما يتعلق بالبرنامج، وأهدافه، وكيفية الإعداد له لضمان توفير التسهيلات المادية أو الإدارية.

- المعلمون العاملون في المدرسة: وتكون بتوضيح أهمية البرنامج للطلاب الموهوبين وتعريفهم بمحتويات البرنامج، وإقناعهم بالمردود الإيجابي على كافة شرائح المدرسة من البرنامج.

- الطلاب الموهوبون: وتتم توعيتهم بتعريفهم بالبرامج متخصصة لهم والتي تلائم حاجاتهم وتدعمهم وتطورهم، وأن لهم حق الاختيار بالالتحاق بهذا البرنامج حسب رغباتهم.

خامساً: التعرف والاختيار: هناك شرطان أساسيان لنجاح عملية التعرف والاختيار(الخطيب وآخرون، 2007، ص 368)، هما:

1. أن تتم مطابقة الاختبارات والأدوات المستخدمة في التعرف والاختيار مع التعريف المعتمد للموهوبين في البرنامج. فلا بد من استخدام الأدوات الخاصة بالكشف عن فئة الموهوبين المستهدفة.

2. ليس بالضرورة أن يجتاز الطالب الموهوب جميع الأدوات والاختبارات المستخدمة في البرنامج بل نبحث عن جانب التميز بالدرجة الأولى.

وفي عملية الاختيار لا بد من تحديد نسبة معينة للاختيار، والنسبة المئوية تتحكم فيها عدة شروط (الخطيب وآخرون،2007، ص368) أهمها:

- عدد المعلمين والعاملين المؤهلين لتربية الموهوبين في المدرسة لتحكم تحديد هذه النسبة.

- طبيعة الطلاب الذين يخدمهم البرنامج، ففي شريحة مجتمع قد تكون هناك أعداد كبيرة من الموهوبين، في حين تكون محدودة في أخرى بحسب ظروفها.

- ينبغي أن تكون عملية التعرف والاختيار مفتوحة لإمكانية إلحاق الطالب في البرنامج إذا لوحظت عليه مؤشرات الموهبة في فترات لاحقة غير فترة تطبيق معايير الاختيار.

- عملية الاختيار مهمة جدا في السنوات الأولى من المرحل الدراسية.

سادساً: الاهتمامات: لتسهيل مهمة المعلم في اختيار المناهج الخاصة والملائمة للطلاب الموهوبين تجرى عملية التعرف على ميولهم و اهتماماتهم، لا سيما أن من أهم أهداف البرنامج تطوير اهتمام متخصص عند الطالب في سن مبكر.

سابعاً: المكان والتجهيزات: تختلف طبيعة المكان والتجهيزات من برنامج لآخر بحسب الأهداف وطبيعة البرنامج والإمكانيات.

ثامناً: الجدولة: تحديد مواعيد تردد الطالب على مكان البرنامج، والأوقات التي يتلقى الطالب فيها تعليما خاصًا سواء خلال حصص أيام الأسبوع أو خلال أجزاء من الإجازات السنوية، أو مواعيد محددة من العطلة الصيفية.

تاسعاً: المناهج وطرق التدريس والإنتاج الإبداعي: تعد المناهج حسب اهتمامات الطلاب الموهوبين ومراحلهم العمرية والتعلم التراكمي، ومن المهم جدا أن تتنوع المواد في بداية العامين الأولين من التحاق الطالب بالبرنامج، ثم يهتم بالمادة الواحدة واعتماد التخصص بهدف الإعداد لمهنة المستقبل (الخطيب وآخرون،2007، ص 370).

وتنقسم مراحل إعداد منهج الموهوبين إلى عدة مستويات (السرور، 2003، ص116-119):

1. **مستوى بناء شجرة الموضوع:** وتعد من أساسيات تعليم الطلاب الموهوبين بحيث ينبثق تعليمهم حول أي موضوع من خلال فلسفة عملية واضحة متدرجة من الأبسط فالأصعب.
2. **مستوى ماذا:** ويهتم هنا بالمفاهيم والمصطلحات وتوضيحها عند التدريس.
3. **مستوى عن:** وهذا المستوى أكثر تقدمًا وصعوبة وتعقيدا لأنه يشمل محتوى الموضوع.
4. **مستوى كيف:** أثناء تعليم الموهوبين ينبغي أن يكون المعلم موجها وليس ملقنا.
5. **مستوى البحث:** وفيه ينتقل الطالب من متلق ومختبر وناقل للمعرفة إلى منتج يضيف الجديد إلى ما هو معروف.

وينبغي على معلمي الموهوبين اعتماد طرق تدريس متنوعة تراعي تنوع الفروق الفردية الدقيقة بين الموهوبين أنفسهم، كما ينبغي مراعاة تنوع القدرات العقلية واختلاف مستوياتها فيما بين الموهوبين أنفسهم، كذلك تنوع أنماط التعلم وأنماط التفكير وتعدد الاهتمامات بحيث يعمل المنهج الخاص على تدريب الطالب لإتقان مهارات التفكير ومهارات البحث العلمي وصولا للإنتاجية الإبداعية (الخطيب وآخرون، 2007، ص370).

عاشراً: الإرشاد: كل برامج الموهوبين تكتمل مناهجها إذا صاحبتها برامج تعليمية إرشادية تستهدف التطور الانفعالي والاجتماعي والأخلاقي للطلاب الموهوبين.

إحدى عشر: التقويم: لكل برنامج للموهوبين سياسة وخطط تقويم خاصة به، حسب طبيعة البرنامج نفسه، وتنحصر مجالات التقويم في التقويم الأولي والبنائي والمرحلي و النهائي. بحيث يشمل التقويم جميع أبعاد مراحل البرنامج، ابتداء من التعريف والأهداف وانتهاء بتقويم البرنامج نفسه والطلاب، كما يجب أن يشارك فيه جميع الفئات المشاركة في البرنامج.

استراتيجيات تربية وتعليم الموهوبين:

أشار جروان (2002، ص187) إلى تنوع الخبرات التربوية التي تقدمها برامج الموهوبين تبعا لتباين فلسفاتها وأهدافها وإمكاناتها البشرية والمادية وطبيعة المجتمع المستهدف بخدماتها وتصنف هذه الخبرات التربوية في ثلاثة أنواع رئيسة:

1. الإثراء Enrichment
2. الإسراع Acceleration
3. الإرشاد Counseling

وقد تقتصر خدمات برنامج ما للموهوبين على نوع واحد من هذه الخدمات التربوية أو يشتمل على أكثر من نوع منها وليس هناك من شك أن أفضل أسلوب هو الذي يأخذ الطابع الشمولي في تقديمه لخدمات وخبرات متكاملة تضم الإسراع والإثراء والإرشاد معا. ذلك لأن هذا النوع من الأساليب إذا توفرت له الشروط الضرورية للنجاح يمكن أن يستجيب بفاعلية لمختلف الاحتياجات الفردية للطلاب الموهوبين في الجوانب المعرفية والانفعالية والإبداعية والنفسحركية (جروان،2002، ص187).

وقبل أن يتم التفصيل في استراتيجيات تربية وتعليم الموهوبين المذكورة آنفا، نعرج على تجميع الطلاب الموهوبين والاتجاهات العامة في تربيتهم. والتي يمكن تلخيصها في ثلاث اتجاهات (ماجدة عبيد،2001، ص311)، هي:

الاتجاه الأول: ينادي بدمج الطلاب الموهوبين في الصف العادي؛ وأهم مبرراته هي:

- المحافظة على مستوى التوزيع الطبيعي للقدرات العقلية في الصف العادي.
- المحافظة على درجة التفاعل الاجتماعي داخل الصف العادي.

الاتجاه الثاني: ينادي بفصل الطلاب الموهوبين في مدارس خاصة بهم: وأهم مبرراته هي:

- تنمية قدرات الموهوبين إلى أقصى حد ممكن.

- للتوفيق في استخدام أساليب تدريس مناسبة.

- إثارة روح المنافسة بين الطلاب الموهوبين أنفسهم.

- للعمل على إعداد قيادات فكرية في مختلف الميادين.

- للعمل من أجل الوصول إلى عنصر الإبداع وعالم الاختراعات الجديدة.

الاتجاه الثالث: الذي ينادي بوضعهم في صف خاص في المدرسة العادية: وأهم مبرراته (حواشين، حواشين، 1998، ص78)، هي:

- يتيح الفرص لممارسة الأدوار القيادية المختلفة بالاختلاط مع العاديين من الطلاب.

- يساعدهم ويمكنهم من تهيئة الفرص للاشتراك مع غيرهم من الطلاب العاديين في الأنواع المختلفة من النشاطات المدرسية الملائمة لأعمارهم.

يمكن تجميع الطلاب الموهوبين وفق الأساليب الثلاثة التالية (ماجدة عبيد،2001، ص304):

1. التجميع عن طريق إنشاء مدارس خاصة.
2. التجميع في صفوف خاصة في المدارس العادية.
3. التجميع عن طريق العزل الجزئي في المدارس العادية.

وسنلخص لهذه الأساليب بشيء من التفصيل:

أولاً المدارس الخاصة: يقصد بالمدارس الخاصة تلك المدارس التي تقبل الطلاب الموهوبين دون غيرهم في مجال أو أكثر على أساس مستوى أدائهم في واحد أو أكثر من محكات الاختبار التي يفترض أن تكون منسجمة مع طبيعة الخدمات التي

تقدمها. وقد تكون المدارس نهارية أو مدارس داخلية. وتتميز المدارس الخاصة بإيجابيات عديدة منها (جروان،2002،ص189-190):

- توفر مناخا إيجابيا داعما للتميز والإبداع.
- تقلل فرص شعور الطلاب الموهوبين بأنهم أشبه بالغرباء من قبل زملائهم في الفصول العادية.
- تخطيط المناهج منسجم مع احتياجات طلابها الموهوبين.
- التخصصية العالية للهيئة التدريسية والإدارية.

أورد بورلاند Borland (عن جروان، 2002، ص190-191) بعض السلبيات التي تثار حول المدارس الخاصة ومنها:

- هناك احتمالية بتطور صورة غير واقعية في أذهان الطلاب الموهوبين عن العالم لأن المدرسة تمثل بيئة مصطنعة لا تعكس الواقع العام.
- تعريض الطلاب الموهوبين لضغوط شديدة ترافق عملية التنافس لدخول المدارس الخاصة وتستمر معهم في بيئة تعليمية ترتفع فيها وتيرة التحديات الأكاديمية والانفعالية.
- ارتفاع الكلفة الدراسية للطالب مقارنة مع نظيره في المدرسة العادية أو برامج الموهوبين التي تقدم ضمن المدرسة ا لعادية.
- قد يحرم الطالب الموهوب من فرصة تطوير قاعدة معرفية عامة إذا كانت المدرسة الخاصة تركز على تخصص معين في سن مبكرة.

ثانياً: الصفوف الخاصة: يعتبر تجميع الطلاب الموهوبين في صفوف خاصة ضمن المدرسة العادية من أكثر الممارسات انتشارا في مجال تعليم الموهوبين ومنذ فترة زمنية طويلة، لكن حاليا هو أكثر تخصصية لأنه يعتمد على استخدام أساليب علمية

متخصصة في اختيار الموهوبين ويأخذ التجميع المتجانس للطلاب الموهوبين في صفوف خاصة أشكالا عديدة (جروان، 2002، ص191-192)، من بينها:

1. **الصفوف المستقلة بذاتها:** وهي صفوف خاصة يتم اختيار الطلاب لها على أساس مستوى أدائهم على المحكات التي تقررها إدارة المدرسة ويبقى الطلاب فيها طوال اليوم الدراسي وعلى مدار السنة الدراسية يدرسون جميع المقررات معا.
2. **الصفوف المرحلية:** وهي صفوف خاصة يتم تشكيلها عن طريق سحب الطلاب الموهوبين من صفوفهم المعتادة في أوقات معينة خلال اليوم الدراسي لممارسة نشاط معين أو دراسة مقرر ما ثم يعودون بعدها إلى صفوفهم الأصلية.

أولاً: الإثراء Enrichment: أشار القريطي (2005) بأن مفهوم الإثراء يعني "تلك الترتيبات التي يتم بمقتضاها تحوير المنهج المعتاد للطلاب العاديين بطريقة مخططة هادفة وذلك بإدخال خبرات تعليمية وأنشطة إضافية لجعله أكثر اتساعا وتنوعا وعمقا وتعقيدا بحيث يصبح أكثر تحديا واستثارة لاستعدادات الموهوبين وإشباعا لاحتياجاتهم العقلية والتعليمية" (ص269)، وحدده جروان (2002) بإجراء تعديلات أو إضافات على محتوى المناهج أو أساليب التعليم أو مخرجات التعلم من دون أن يترتب على ذلك اختصار للمدة الزمنية اللازمة عادة للانتهاء من مرحلة دراسية أو انتقال الطلاب المستهدفين من صف إلى صف أعلى (ص199).

ويأخذ إثراء المنهج الدراسي المعتاد وإغنائه بخبرات وأنشطة تعليمية إضافية العديد من الصور أو البدائل من بينها توسيع المنهج الدراسي أو تعميق محتواه (القريطي، 2005، ص270) ويشمل ذلك:

1. **الإثراء الأفقي:** بإضافة وحدات أو تقديم موضوعات مناسبة جديدة لموضوعات المنهج الأصلي التي يدرسها الطلاب فعلا في مقرر أو عدة مقررات.

2. **الإثراء الرأسي:** بتعميق محتوى مجال ما من مجالات المنهج المقرر أو وحدات دراسية معينة موجودة في المنهج الأصلي، وإعطاء بعض التطبيقات أو المشكلات الواقعية التي تسمح للطلاب بمزيد من التفكير الناقد والإبداعي وتنمية مقدراتهم على حل المشكلات واستخدام مهاراتهم في التطبيق والتحليل والتركيب والتقويم في موضوع ما من موضوعات المنهج بدلا من مجرد الإلمام بالحقائق والمعلومات.

ويذكر باسو Passow (عن وهبة، 2007، ص61) أن الإثراء يقوم على أسس، منها:

- أن يكون هناك عمقا واتساعا في مواد التعلم المقدمة.
- السرعة في تقديم هذه المواد.
- معرفة نوع ومحتوى المواد المقدمة.
- تعلم مهارات المعالجة وتشمل مهارات التفكير الإبداعي والتفكير الناقد وحل المشكلات، والمهارات الشخصية والاجتماعية.

ويذكر جروان (2002، ص199) عدة عوامل لا بد أن ترعى عند التخطيط والتنفيذ ليكون الإثراء فعالا، وهي:

- ميول الطلاب واهتماماتهم الدراسية.
- أساليب التعلم المفضلة لدى الطلاب.
- محتوى المناهج الدراسية الاعتيادية أو المقررة لعامة الطلاب.
- طريقة تجميع الطلاب المستفيدين بالإثراء والوقت المخصص للتجميع.
- تأهيل المعلم أو المعلمين الذين سيقومون بالعمل وتدريبهم.
- الإمكانات المادية للمدرسة ومصادر المجتمع المتاحة
- آفاق البرنامج الإثرائي وتتابع مكوناته وترابطها.

أهداف الإثراء: للإثراء مجموعة من الأهداف يمكن إيضاحها فيما يلي (وهبة، 2007، ص62):

- توفير خبرات تربوية عميقة وواسعة إلى جانب المنهج المعتاد لتنمية قدرات الموهوبين العقلية.

- التركيز على تنمية مهارات التفكير النوعية التي تساعد على فهم المبادئ الأساسية لإصدار التعميمات بدلا من التركيز على مهارات التفكير الكمية للحقائق.

- التأكيد على عمليات التعلم بدلا من التأكيد على المحتوى.

- ترتيب المعلومات المقدمة في المنهج ترتيبا أفقيا.

- التركيز على الكيف وليس الكم، أي أنه من الأفضل للطالب أن يحدد ثلاثة حلول لمشكلة واحدة بدلا من أن يحل ثلاث مشكلات متشابهة.

مجالات الإثراء: يأخذ إثراء المنهج العديد من الصور والبدائل ومن بينها (جروان، 2002، ص188):

- مراكز التعلم وقاعات المصادر التعليمية.

- مقررات دراسية إضافية.

- دراسة ذاتية.

- مشروعات ودراسات فردية وجماعية.

- برامج التلمذة على أيدي متخصصين.

- برامج خدمة المجتمع.

- الرحلات العلمية الميدانية.

- النوادي والمعارض والمسابقات.

- النشاطات الصفية وبرامج نهاية الأسبوع.

- برامج التربية القيادية ومهارات الاتصال والحاسوب.

- مسابقات أكاديمية وطنية (اولمبياد)
- كتابة سير حياة مبدعين وعظماء.
- ندوات ومناظرات وعرض مواهب.
- برامج حل المشكلات والمستقبليات ومهارات التفكير.

إيجابيات الإثراء: للإثراء إيجابيات كثيرة، وفيما يلي بعضا منها (سلامة، وأبو مغلي، 2002، ص113):

- يساعد الطلاب الموهوبين على التخصص في المجال الذي يحظى باهتمامهم.
- يهيئ للموهوبين فرصا لمواجهة المشكلات التي تنطوي على إثارة التحدي والبحث بعمق.
- يمتاز بقلة التكاليف نسبيا مقارنة بالأساليب الأخرى لأنه لا يحتاج إلى نفقات إضافية في ميزانية المدرسة.
- يسمح للطالب بالبقاء مع أقرانه من نفس الفئة العمرية في إطار المدرسة العادية مما يحقق له نموا نفسيا اجتماعيا سليما.

سلبيات الإثراء: للإثراء سلبيات ومنها (سلامة، وأبو مغلي، 2002، ص114):

- أن معظم المعلمين ليس لديهم المعرفة أو المهارة لتجهيز الخبرات الإثرائية للازمة للطلاب الموهوبين.
- يحتاج إلى إدخال تعديلات جذرية على طرق إعداد المعلم وعدد الطلاب وتحضير مواد تعليمية إضافية.

ثانياً: الإســـراع **Acceleration**: حدد جروان (2002، ص212-213) الإسراع بالسماح للطالب بالتقدم عبر درجات السلم التعليمي أو التربوي بسرعة تتناسب مع قدراته، ودون اعتبار للمحددات العمرية أو الزمنية. وعرفه القريطي (2005) بذلك "النظام الذي يسمح للطالب الموهوب بالتقدم في دراسته بمعدل أسرع واجتياز

المرحلة أو المراحل الدراسية في فترة زمنية اقصر مما يستغرقه الطالب العادي" (ص284).

ويذكر جروان (2002، ص220) عددا من الفوائد التي يحققها الطلاب الموهوبون المستفيدون من برامج الإسراع ومنها:

- تحسين مستوى الدافعية والثقة بالنفس، والشعور بالإنجاز، وتحسين الاتجاهات نحو التربية والتعليم.

- التقليل من فرص الملل في المدرسة ومنع عادة الخمول العقلي.

- الإتمام المبكر للبرنامج التعليم أو التدريبي.

- تسهيل عملية التعلم و إغناؤها بتقليل مدى الفروق الفردية بين الطلاب.

- إعطاء فرصة أكبر للتأثير المتبادل بين عقول متقاربة المستوى.

- القضاء على المنافسة غير المتكافئة بين الطلاب سريعي التعلم والطلاب بطيئي التعلم، وما ينجم عنها من اتجاهات سلبية.

- فتح آفاق جديدة لتنمية القيادة لدى الطلاب العاديين بعد خلاصهم من تسلط الطلاب الموهوبين.

مجالات الإسراع: يوجد العديد من أنواع الإسراع يمكن إيضاحها فيما يلي (جروان، 2002، ص188):

- القبول المبكر.

- الترفيع الاستثنائي.

- الترفيع في مقرر دراسي أو أكثر.

- ضغط المنهج مرحلة دراسية واختصار مدة تغطيته.

- الدراسة المتزامنة في المدرسة الثانوية والجامعية.

- القبول المبكر في الجامعة.

ايجابيات الإسراع: الإسراع له مزايا منها (ماجدة عبيد،2001، ص307):

- يسمح للطلاب الموهوبين بالتقدم وفقا لقدراتهم.

- يمكن تعديله بحيث يمكن من خلاله تنفيذ الإثراء.

- يسهم في إضافة الحيوية للمناخ التعليمي بحيث يمكن من خلاله مواجهة المشكلات السلوكية التي تقف أمام الطلاب الموهوبين في الفصل العادي.

- يتيح للطلاب الموهوبين فرصة إكمال تعليمهم بوقت أقصر والبدء بحياتهم العملية في سن مبكرة.

سلبيات الإسراع: يثار حول تطبيق الإسراع بعض التخوفات منها (ماجدة عبيد، 2001، ص308):

- ربما يفقد الموهوبون بعض المبادئ والأساسيات الضرورية للتعلم نتيجة لعدم الانتظام في التسلسل الهرمي للتحصيل المعارف.

- قد يكون التقدم الأكاديمي جيدا ولكن على حساب النضج الانفعالي والاجتماعي.

- الإسراع في التعليم لا يؤدي إلى التعمق في المناهج أو تطويرها لأن ما يدرسونه في النهاية هو نفس مناهج العاديين.

ثالثاً: الإرشاد Counseling: خدمات الإرشاد ضرورية لمساعدة الطلاب الموهوبين على التكيف مع حقائق عالمهم الخارجي التي تكون محبطة في بعض الأحيان، ومع مكونات عالمهم الداخلي بما يحويه من قدرات ودوافع وميول وقيم واتجاهات (محمد، 2006، ص290).

يخطئ البعض عندما يعتقد أن الموهوبين ليسوا في حاجة إلى خدمات توجيهية وإرشادية نظرا لكونهم أذكياء أو مبدعين، أو لأنهم قادرون طبيعيا على التعلم والنجاح وحل مشكلاتهم بأنفسهم دون مساعدة من أحد (القريطي، 2005م،

ص225) لكن واقع الأمر أن الموهوبين تواجههم مشكلات عديدة ومن أهمها (نورة السليمان، 2006، ص323-332) الآتي:

- شعور بعض الموهوبين بالاضطرابات وعدم التوازن نتيجة للتسميات التي يتم إلصاقها بهم.

- شعور بعض الموهوبين بالملل وعدم الرغبة في متابعة الدروس في الفصل.

- شعور بعض الموهوبين بالاختلاف مما يدفعهم لعدم التكيف والشعور بالاستياء وعدم الانسجام.

- تدني التحصيل نتيجة الإحباط لعدم مراعاة خصائصهم الذهنية والانفعالية.

- شعور بعض الموهوبين بالاضطراب العاطفي والوجداني نتيجة لتطور الجانب العقلي وتسارعه على الجانب العاطفي الانفعالي.

- شعور بعض الموهوبين بالعجز وعدم التوافق نتيجة لوجود تفاوت بين نمو الجوانب العقلية والجسمية.

- تظهر على بعض الموهوبين مشاعر الغضب والاستياء من تسلط الآخرين وفرض الآراء عليهم.

- شعور بعض الموهوبين بالخيرة وعدم القدرة على الاختيار الصائب لمجال الدراسة أو المهنة.

- المحاسبة المفرطة والقاسية والدائمة للذات لبعض الموهوبين والرغبة المستمرة للوصول إلى المثالية.

أهداف إرشاد الموهوبين: يتبين مما سبق عرضه من مشكلات أهمية توفير الإرشاد للموهوبين، وذكرت ليندا سيلفرمان (1993، ص278-279) أن من أهداف إرشاد الطلاب الموهوبين ما يلي:

- مساعدة الطلاب الموهوبين على أن يفهموا ماذا تعني الموهبة.

- مساعدة الطلاب الموهوبين على أن يفهموا ويتعاملوا مع توقعاتهم وتوقعات الآخرين.

- مساعدة الطلاب الموهوبين على أن يقتنعوا بقدراتهم ويرتاحوا لها وأن يطوروا سياسات التكيف للتعامل مع أعباء هذه القدرة.

- مساعدة الطلاب الموهوبين على التعامل مع قدراتهم المتعددة فيما يتعلق بالأهداف المهنية واتخاذ القرارات.

- مساعدة الطلاب الموهوبين على حل مشكلاتهم مثل ميلهم للكمال.

- مساعدة الطلاب الموهوبين على أن يتعلموا التمتع بالوقت الحاضر بدلا من أن يستحوذ عليهم القلق في المستقبل.

- مساعدة الطلاب الموهوبين على أن يتعلموا طلب المساعدة عندما يحتاجونها وأن ينظروا إلى الإرشاد بطريقة إيجابية.

- مساعدة الطلاب الموهوبين على فهم المعلمين والتعامل مع الطلاب في الصف الدراسي.

- مساعدة الطلاب الموهوبين على فهم تعلمهم الخاص وأساليب التفكير الخاص بهم وكيف تؤثر على تفاعلاتهم مع الآخرين في المدرسة.

مجالات إرشاد الموهوبين: تتضمن مجالات إرشاد الموهوبين التالي (بطرس،2007، ص82):

1. **الإرشاد النفسي:** ويهتم بمعالجة المشكلات النفسية التي تعوق توافق الفرد وتمنعه من تحقيق الصحة النفسية.

2. **الإرشاد التربوي:** ويعنى بمساعدة الفرد في رسم الخطط التربوية التي تتناسب مع قدراته وميوله وتحقق توافقه التربوي، ويساعده على تحقيق الاستمرار في الدراسة وتحقيق النجاح فيها.

3. **الإرشاد الأسري:** ويهتم بمساعدة أفراد الأسرة على تحقيق الاستقرار والتوافق الأسري وحل المشكلات الدراسية ويهدف إلى نشر الوعي حول أسباب الحياة الأسرية السليمة وأصول عملية تنشئة الأبناء ووسائل تربيتهم ورعاية نموهم والمساعدة في حل مشكلاتهم.
4. **الإرشاد المهني:** ويهتم بمساعدة الفرد في اختيار مهنته بما يتناسب مع قدراته وميوله في المكان المناسب بما يحقق التوافق المهني ويعود على الفرد والمجتمع بالخير.
5. **الإرشاد الديني:** ويهدف إلى تحقيق التوافق والصحة النفسية للفرد.

تقنيات الإرشاد النفسي تجاه الموهوبين: يمكن استخدام كافة تقنيات الإرشاد النفسي كبقية الفئات الأخرى سوى مجتمعة أو منفردة أو استخدام طرق الإرشاد الخياري، ويرجع ذلك إلى نوع المشكلة التي يعاني منها الموهوب وأسبابها، وأفضل الطرق في علاجها. ولعل أهم التقنيات الإرشادية التي يمكن استخدامها (بطرس، 2007، ص81) ما يلي:

1. **الإرشاد الجماعي:** وهو إرشاد مجموعة من الأفراد الذين تتشابه مشكلاتهم مع بعضهم في مجموعة واحدة أو أكثر. ويمكن استخدمه في الإرشاد التربوي والإرشاد المهني وحالات الانطواء والشعور بالنقص، ومن أساليبه الندوات، والمحاضرات، والمناقشة الجماعية.
2. **الإرشاد الفردي:** وهو إرشاد فرد لفرد وجها لوجه وبشكل مباشر ويمكن استخدامه مع الطلاب الموهوبين.

إرشاد أولياء أمور الطلاب الموهوبين: العلاقات الإرشادية مع أولياء أمور الطلاب الموهوبين تعد مرتكزا رئيسا لنجاح العملية التربوية والتعليمة للطلاب الموهوبين، وبرر كارنس Karnes (عن استيورت، 1996، ص227) بخمسة أسباب عملية لقيام علاقة إرشادية مع أولياء أمور الطلاب الموهوبين:

1. ولي الأمر الذي لديه معلومات عن المؤشرات الأولية للنمو السريع يعد في موقف استراتيجي يساعده في ملاحظة السلوك الذي يدل على الموهوبين.

2. ولي الأمر في وضع أفضل من أي شخص لتوفير البيئة الغنية والمثيرة والمحفزة والتي من خلالها ينمو الطفل قبل وصوله سن المدرسة.

3. ولي الأمر الذي لديه معرفة بالخصائص المميزة وأنماط نمو الموهوبين يمكن أن يكون مصدر إثراء ممتاز، حين يشارك بفاعلية في البرامج التربوية للأطفال الموهوبين.أولياء أمور الطلاب الموهوبين الذين يتصفون بحسن الاطلاع يمكنهم أن يصبحوا قادة مؤثرين في تعزيز الدعم المادي والتشريعي لتطوير الفرص التعليمية لأطفالهم.

4. أولياء أمور الطلاب الموهوبين كثيرا منهم يمارسون أنواعا متعددة من المهن الممتعة، وبهذا فإنهم في موقف مناسب لتوضيح نماذج مهنية مختلفة والمساعدة في زيادة البدائل المهنية التي يتعلمها الطلاب الموهوبون أثناء نموهم

تدريس الموهوبين في الفصول العادية:

سبق وأن تم استعراض الاستراتيجيات والاتجاهات المتبعة في تربية وتعليم الموهوبين وعرض الباحث الإثراء والإسراع والإرشاد وحتى لا ينحصر التفكير فقط في هذه الاستراتيجيات بوصفها خبرات في تربية وتعليم للموهوبين وتنحصر في المتخصصين في هذا المجال وأن تربيتهم ليست مسؤولية القلة المتخصصة في هذا المجال وحده (ساوس، 2006، ص264) فالطلاب الموهوبون متواجدون في كل فصل عادي لذا اقترحت Winebrenner (1992, P:138) بعض القواعد الإرشادية للمعلمين بشأن تدريس الطلاب الموهوبين في الفصول العادية:

- ابدأ باكتشاف ما يعرفه الطلاب بالفعل.

- امنحه تقدير على المفاهيم التي يتمكن منها.

- لا تدعه يعيد مواد المرحلة الابتدائية إذا كان ملم بها بالفعل.

- وفر له أنشطة بديلة ومثيرة للاهتمام، ووفر له فرصة التعامل مع الأفكار المعقدة والمجردة.

- استوضح أوجه إتمامه واختر له مشروعات تدور حولها.

- اترك له حرية اختيار طريقة استخدام الوقت الذي يتوافر له بسبب تمكنه المبكر من إحدى المفاهيم.

- دعه يتعلم بمعدل أسرع من زملائه.

- أكثر من استعمال طرائق الاكتشاف.

- لا تخش ترك الطلاب يتعلمون بوسائل غير تقليدية.

- ساعد الطلاب على العثور على من يشبهونه من الطلاب الآخرين واجتهد في ألا تحكم على مهارات
  الطالب الاجتماعية من طريقة تفاعله مع أقرانه فقط.

- وفر لهم قدرا كبيرا من الخبرة بشان تحديد أهدافهم وتقييم عملهم

- وفر للطلاب الخيارات ثم الخيارات ثم الخيارات.

معلم الموهوبين:

لمعلم الموهوبين دورٌ أساسيٌ في نجاح أو فشل جهود الدولة في تربية وتعليم الموهوبين، فالمعلم غير
الكفء يجعل أقوى البرامج وأفضل مراكز مصادر التعلم وغرف مصادر الموهوبين غير مفيدة في تربية
وتعليم الموهوبين، لجهله ببرامج ومناهج وطرائق تدريس الموهوبين فيعاملهم كالمتعلمين العاديين فيشعر
الموهوبون بالملل والضيق ويكرهون دروسه ويفرون من المناهج الخاصة بنفس السرعة التي يفرون بها من
البرامج العادية (التويجري ومنصور، 2000، ص225).

أما المعلم الكفء فهو الذي يحترم الطلاب الموهوبين ويهيئ أمامهم الظروف المناسبة للتعلم،
ويطور أدواته ومعلوماته، ويشجع على التعلم الذاتي ويقبل أفكارهم

الجديدة، ويحترم حلولهم الغريبة للصعوبات التي تواجههم، ويحثهم على الإنجاز وحب الاستطلاع (المرسي،1992،ص 196).

أورد العزة (2002، ص169) مجموعة من الأسئلة التي على المؤسسات التربوية الإجابة عليها عند اختيار معلميها في مجال تربية وتعليم الموهوبين والتي يمكن اعتبارها مؤشرات وعلامات لا بد منها لإنجاح تعليمهم وإنجاح برامجهم التربوية والتعليمية والمتمثلة في التالي:

- ما خصائص الطلاب الموهوبين التي يجب أن يعد المعلم للتعامل معها؟

- ما أشكال الموهبة التي سيتم تأهيل المعلم للتعامل معها؟

- ما درجة التفوق التي سيعد المعلم لها بالنسب المئوية وهل هي في مجال الأداء؟

- ما الخصائص التي يجب أن تتوفر في معلم الموهوبين؟ وما الأدوار التي يجب أن تناط بها؟

- ما طبيعة البرامج الدراسية ومحتواها ومستوياتها؟

- ما البرامج والمناهج التي ستقدم للموهوبين والتي سيؤهل المعلم لتقديمها؟

- هل يجب أن يكون معلم الموهوبين موهوباً مثلهم ولديه قدرات عقلية وإبداعية متميزة؟

- ما أنماط سلوكات الطلاب الموهوبين الصفية والتي يجب إعداد معلمهم للتعامل معها؟

خصائص معلمي الموهوبين: أورد فيلدهاوزين Feldhusen (عن نورة السليمان2006، ص378) عدد من الخصائص والصفات الشخصية لمعلمي الموهوبين منها:

- مستوى مرتفع من الذكاء.

- الطموح العالي والحماس للعمل.

- يتصف بالمعرفة الواسعة وتنظيم الأفكار وتعددها.

- يتصف بالثقة العالية بقدراته ومعلوماته.

- يتميز بخيال خصب وأسلوب جذاب للتعبير والحوار.

- احترام وجهات النظر المختلفة، وأقل انتقاداً للآخرين.

- القدرة على التعرف على مشاكل الموهوبين وإرشادهم وتوجههم.

- يندمج مع الطلاب ويتبادل الأفكار والطموحات معهم ويحقق جوا من الديمقراطية.

- يتعاون مع الآخرين ويقدم المساعدة لهم.

أما العزة (2002، ص128) فحدد مجموعة من الخصائص العامة المشتركة في معلمي الموهوبين على

النحو التالي:

- قدرة عقلية فوق المتوسط.

- معرفة متعمقة ومتطورة في مجال التخصص.

- الشجاعة الأدبية في قول لا أعرف.

- الإحساس القوي بالأمن الشخصي.

- تقبل الغرابة والأصالة والتنوع.

- حسن التنظيم والإعداد المسبق.

- التأهيل التربوي التدريب العملي الجيد.

- معرفة في مجال الإرشاد الطلابي ومهارة في ممارسته.

- مبادرات الاتصال والدبلوماسية.

- عدم الخوف من التدريس.

كفايات معلمي الموهوبين: انطلاقا من حاجات الطلاب الموهوبين والتي تميزهم عن غيرهم من الطلاب
العاديين، لا بد من توافر كفايات تؤهل المعلم لأداء مهامه. وهناك بعض المهارات والقدرات والخصائص
التي ينبغي أن تتوافر في معلم الموهوبين (أبو سماحة وآخرون، 1992، ص 149-150) أهمها:

- أن يكون متفوقا في مهنته.
- أن يكون لديه قدرة مناسبة من النضج الانفعالي.
- أن يتفهم الحاجات الخاصة للطالب الموهوب.
- أن يلبي حاجات الطالب الموهوب.
- أن يعرف معنى الموهبة، وأن يتدرب على أساليب الكشف عن الموهوبين في الصف.
- أن يجعل مناخ التعلم ابتكارياً ومرناً ومتسامحاً.
- أن يتفهم مواطن القوة والضعف في مختلف النماذج التنظيمية لتربية الموهوبين.
- أن يهتم بأمزجة الطلاب الموهوبين ودوافعهم ومواطن الضعف التي يعانون منها.

وقد أورد فيلدهاوزين (عن نورة السليمان،2006، ص387) عدد من الكفايات التعليمية لمعلمي الموهوبين، منها:

- لديه المهارة على تطوير الناهج والمواد الدراسية وإعدادها.
- المهارة العالية في الإعداد والتدريس لمختلف أنواع القدرات العقلية والاهتمام بالقدرات الإبداعية وحل المشكلات.
- الإلمام بمهارة تقنيات الأسئلة وتركيبها وطرحها.
- المهارة في التأسيس للأنشطة المستقلة والأبحاث.
- الإلمام بمهام وأساليب التعليم التفردي والتعاوني.

وأشار محمد (2005، ص107) إلى أنه ينبغي لمعلم الموهوبين الإلمام بالكفايات الثقافية والأكاديمية ولمهنية التي تمكنه من التعامل مع الطلاب الموهوبين، والتي منها:

- تشجيع الطلاب الموهوبين لتقديم أفكار إبداعية واستخدام العديد من الأساليب للوصول إلى الجديد كأسلوب حل المشكلات أو العصف الذهني.

- إثارة قدرة الطلاب الموهوبين على الإحساس بالمشكلات.

- تنمية ثقة الطلاب الموهوبين في إدراكاتهم الخاصة وأفكارهم الشخصية.

- تشجيع الطلاب الموهوبين على الوعي بفوائد المعلومات وارتباطها بالحياة.

- الدراية بالدراسات التربوية والنفسية الخاصة بالمراحل السنية المختلفة.

- النظام وحب العمل الشاق المرتبط بالإنجاز.

وحددت الإدارة العامة للموهوبين في وزارة التربية والتعليم في تعميمها رقم 64/448 في 1427/10/8، كفايات معلمي الموهوبين المحددة في المجالات التالية:

- معرفة الخلفية التاريخية لتربية وتعليم الموهوبين.

- فهم ومعرفة المفاهيم والأسس العامة في تربية وتعلم الموهوبين.

- القدرة التعرف على الطلاب الموهوبين.

- تحديد خصائص الطلاب الموهوبين.

- فهم خصائص معلم الموهوبين.

- إجادة طرق الرعاية وأساليب التدريب.

- القدرة على التقويم والتطوير.

التعقيب على الفصل الثاني:

يتضح من العرض السابق أن تخطيط مناهج الموهوبين مبني على معرفة خصائصهم وحاجاتهم ومتطلبات المجتمع من حولهم ومستجدات المعرفة التي تطور حضارة المجتمع، وتعتبر هذه أسس بناء مناهجهم التي تتسم بالتكامل في مجالات المعرفة والتنوع والجدة والتحدي والتعقيد وأن يتبع فيها أساليب تعلم وتفكير ومهارات بحث متعددة، وهذا لا يتحقق إلا بالتخطيط السليم المبني على أهداف

واضحة وتحقيق متكامل لمتطلبات تخطيط برامج الموهوبين التي يتوجب أن تكون واضحة الفلسفة والهدف، ومحددة من الموهوب الذي تخدمه وكيف يتم اختياره، وما هي احتياجاته، وكيف يتم تلبيتها عن طريق الإسراع أو الإثراء مع مراعاة أن التقويم هو الأساس الرابع والمهم بين أسس تخطيط البرامج.

وبالنظر لواقع استراتيجيات تربية وتعليم الموهوبين المتبعة من قبل الإدارة العامة للموهوبين في المملكة العربية السعودية نجدها متضمنة الإثراء والإسراع، لكن هناك غياب تام للإرشاد سواء كان مصاحبا للإثراء أو الإسراع أو كان كإستراتيجية مستقلة بنفسها مع غياب تام لصور تجميع الطلاب الموهوبين في مدارس خاصة أو فصول خاصة بهم في المدارس العادية.

مما لاشك فيه أن لمعلم الموهوبين الدور الأساس في نجاح أو فشل برامج الموهوبين لذا توجب إعداده من قبل كليات التربية وكليات إعداد المعلمين لهذه المهنة، ولكن هذا القصور جعل الإدارة العامة للموهوبين تلجأ لتأهيل معلمي التعليم العام للعمل معلمين للموهوبين وقد يواجه ذلك قصورا يؤثر على الأداء.

الفصل الثالث

نماذج المناهج وتخطيط المناهج لتربية وتعليم الموهوبين

* نماذج المناهج.
* نماذج تخطيط المناهج للموهوبين.
* برنامج الموهوبين المدرسي.
* التعقيب على الفصل الثالث.

الفصل الثاني

نماذج المناهج وتخطيط المناهج

لتربية وتعليم الموهوبين

مقدمة:

يعتبر تخطيط المنهج من أهم الخطوات التي يترتب عليها تبعات العملية التعليمية بأسرها، وفي ضوء سلامته يكون نجاح العملية التعليمية، ولقد تعددت الاتجاهات الحديثة لتخطيط المنهج حيث قدم مخططو المناهج نماذج عديدة تلائم روح العصر وما يواكبه من تغيرات تعالج القصور الناجم عن سابقها (وداد نور الدين، 2005، ص11). وحيث إن النماذج تبنى على نظريات التعلم والتعليم ونظم التعليم، وهي تعتبر بمثابة تمثيل مبسط لعناصر المنهج (الأهداف، المحتوى، الأنشطة، والتقويم)، يساعد على فهم طبيعتها والعوامل المؤثرة فيها والعلاقات بينها، كما يقدم وصفا للإجراءات والعمليات اللازمة لبناء المنهج في إطار الفكر الذي يمثله (وداد نور الدين، 2005، ص12).

نماذج المناهج:

يعرف قنديل (2002) المنهج Curriculum بأنه"عملية منظومية مستمرة لتصميم التربية المدرسية وبنائها وتنفيذها وتقويمها وتطويرها " (ص74) ويرى قلادة (2005، ص17) أن هناك ثلاث استخدامات مشروعة لمصطلح المنهج، وهي:

1. المنهج وثيقة مكتوبة.
2. المنهج إرجاع نظام نوعي في محتواه وكيفية تنفيذه.
3. المنهج لتوضيح وتحديد ميدان الدراسة.

وأحد الطرق التي ينظم بها المنهج تصوره على أنه نموذج (فوشيه، 2003، ص23) والذي يعرفه قنديل (2002) بأنه "نموذج تخططي يحتوي على عناصر المنهج، ويركز على إبراز العلاقات التبادلية، والمسارات، والعمليات الخاصة بتلك العناصر" (ص49)، وبالتالي يستخدم هذا النموذج لفحص المنهج بطريقة منظمة (فوشيه، 2003، ص23).

وسيتم عرض بعض النماذج، لكن قبل ذلك من المناسب أن يتم استعراض خصائص النموذج التربوي الذي تميزه عن غيره من النماذج في المجالات المختلفة، وأهم تلك الخصائص كما أوردتها لطيفة السميري (1997، ص15-21)، هي:

1. الاعتماد على نظرية تربوية.
2. دراسة خصائص المتعلمين.
3. دراسة بيئة المتعلم.
4. تكامل عناصر المنهج.
5. السير في خطوات متتابعة.
6. تحديد نواتج التعلم.
7. التغذية الراجعة.
8. تكامل دور المعلم والمتعلم.

نماذج المناهج متعددة ومتنوعة، لذلك، سيتناول الباحث هنا فقط أهم نماذج المناهج على النحو التالي:

1. نموذج تايلر.
2. نموذج هيلدا تابا.
3. نموذج بوشامب.

وفي ما يلي سيتم عرضها بشيء من التفصيل.

1- **نموذج تايلر Tylers Model:** يرى تايلور أن تخطيط المناهج وتطويرها يمر بأربع مراحل متسلسلة (قنديل،2002،ص50) كما في الشكل (5)، هي:

1. **صياغة الأهداف:** يبدأ المنهج عند تايلر بصياغة الأهداف التي يتوقع تحقيقها عند المتعلم، وتشتق الأهداف من المادة الدراسية، وطبيعة المتعلم، وخصائص المجتمع وتخضع لفلترة فلسفة التعليم في المجتمع و علم نفس التعلم.
2. **اختيار خبرات التعلم:** يتم اختيار خبرات التعلم من محتوى علمي ونشاطات تعلم تساعد في بلوغ الأهداف المرسومة في ضوء حاجات المتعلم المختلفة وخبراته السابقة ومبادئ التعلم.
3. **تنظيم خبرات التعلم:** وهنا يتم دمج المفاهيم والقيم والمهارات معاً لتقدم إلى المتعلم بطريقة متفقه مع خبراته ومستواه المعرفي والعقلي في ضوء تنظيم منطقي لإحداث التعلم المنشود بالأهداف.
4. **التقويم:** التقويم يتم للتحقق فيما إذا كانت الخطة والإجراءات التنفيذية قد حققت الأهداف المرسومة لكي يحكم على المنهج من حيث الاستمرارية أو التعديل أو التوقف كلياً.

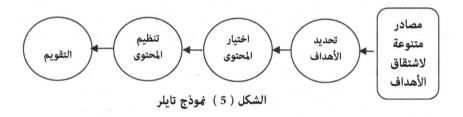

الشكل (5) نموذج تايلر

2- **نموذج هيلدا تابا Hilda Taba Model:** تنظر هيلـدا تابا إلى عملية تطوير المناهج على انهاعملية دينامية تفاعلية يمكن أن تبدأ بأي عنصر من عناصر المنهج الأربعة الرئيسة- الأهداف، والمحتوى، والطرق والأساليب، والتقويم - كما يتضح من الشكل (6) لهذا تضع تطوير المناهج في يد المعلم باعتباره حجر

الزاوية والأساس في تنفيذ المنهج، وهو الأقدر على تلمس مقتضيات التطوير وإدخالها في الوقت المناسب (السويدي والخليلي،1997، ص170-171).

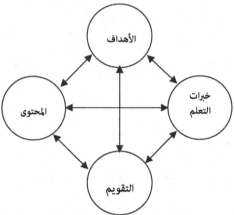

الشكل (6) نموذج هيلدا تابا

3- **نموذج بوشامب : Beauchamp Model** قدم بوشامب نموذجه المتضمن رؤية المنهج بوصفه نظام يتكون من مدخلات وعمليات ومخرجات وتتضمن العمليات كافة الإجراءات الخاصة بتخطيط المنهج وتنفيذه وتقويمه، ويتضح من الشكل (7) أن المنهج من وجهة نظر بوشامب يعد أحد مخرجات النظام (قنديل،2002، ص51).

مدخلات	محتوى وعمليات حفظ النظام	مخرجات
• الأسس التربوية • سمات المجتمع • شخصيات مشاركين • خبرة المنهج • المواد والتخصصات • القيم الاجتماعية والثقافية	• اختيار مسرح العمليات. • اختيار مجموعة العمل. • اختيار وتقنية الإجراءات الخاصة بتحديد الأهداف وتصميم المنهج. • تصميم إجراءات التنفيذ والتقييم المراجعة	• منهج • معارف واتجاهات والتزام سلوكي للمشاركين

الشكل (7)

نموذج بوشامب

نماذج تخطيط المناهج للموهوبين:

إن نماذج المناهج تقدم أساسا نظريا يتم من خلاله تخطيط دقيق لبرامج وأنشطة الإثراء للموهوبين وتتكامل مع بعضها بحيث يمكن لمعلم الموهوبين أن يستفيد من نموذجين أو أكثر بالوقت نفسه ليتمكن من تطبيق ما يراه مناسبا لخصوصيات الطلاب واحتياجاتهم، وقدمت هذه النماذج وما تزال تقدم قاعدة لفلسفة البرامج وتوجيهات لأساليب إعدادها ومحتوى لمناهج مناسبة لاحتياجات الموهوبين (سيلفيا ريم وجاري دايفس،2001، ص 205)، وفيما يلي أبرز نماذج مناهج الموهوبين:

1. النموذج الإثرائي المدرسي الشامل.

2. نموذج بيرود الإثرائي.

3. نموذج البناء العقلي لجيلفورد وميكرو.

4. نموذج تريفنغر لتنمية التوجيه الذاتي.

5. النموذج الإثرائي الفاعل. (الجهني، 2008، ص53).

وهنا سيتم استعراض النموذج الإثرائي المدرسي الشامل والنموذج الإثرائي الفاعل بشيء من التفصيل:

أولاً: النموذج الإثرائي المدرسي الشامل: يعد النموذج الإثرائي المدرسي الشامل من أكثر النماذج استخداماً لتخطيط مناهج الموهوبين في العالم، لأنه الأكثر قبولا اجتماعياً والأقل تكلفةً والأكثر فاعليةً في تحسين نوعية التعليم في المدرسة بشكل عام (الخطيب وآخرون،2007،ص362)، وهو خلاصة ما توصل لها رينزولي في ضوء نموذجيه السابقين النموذج الإثرائي الثلاثي ونموذج الباب الدوار (خولة يحيى، 2006، ص309).

وأرجع رينزولي وسالي رايس (2006) تاريخ النموذج الإثرائي المدرسي الشامل إلى عام 1970م عندما بدأ رينزولي وممن يشاركونه رؤيته في تقديم برامج تعليمية وبرامج صيفية، حيث تتلخص هذه الرؤية في أن المدارس أماكن لتنمية الموهبة، وتبنى هذا الرؤية على أساس أن كل فرد له دور مهم عليه القيام به من أجل تنمية مجتمعه، وأن هذا الدور يمكن أن يتطور إذا أتاحت المدرسة الفرص والموارد والتشجيع لكل طالب ليصل إلى أعلى مستويات تنمية الموهبة (ص17).

أهمية البرنامج الإثرائي المدرسي الشامل: هناك العديد من النتائج التي تتحقق عند تطبيق البرنامج الإثرائي المدرسي الشامل (رينزولي وسالي رايس، 2006، ص17-20)، منها:

- تنمية الموهبة لدى الطلاب من خلال قياس جوانب القوة لديهم بانتظام وإتاحة الفرص الإثرائية والموارد والخدمات التي تنمي جوانب القوة هذه لديهم واستخدام منحى مرن يحقق التنوع في المقررات بما يتناسب مع تنوع حاجات الطلاب وقدراتهم، وكذلك توظيف الزمن الذي يقضيه الطالب بالمدرسة بكفاءة.
- تحسين الأداء المدرسي لكل الطلاب في كل مجالات المناهج العادية، ومزج أنشطة المناهج المدرسية العادية بخبرات تعليمية إثرائية ذات معنى.
- تحقيق تنمية مهنية مستمرة للمعلمين بما يصل بكثير منهم إلى قيادات في مجال بناء المناهج والتنمية المهنية وتخطيط البرامج.
- إيجاد ثقافة تعاون داخل المدرسة بما يتيح الفرص لجميع الأطراف من طلاب وأولياء أمورهم ومعلمين وإداريين لاتخاذ القرارات المناسبة.
- إيجاد مجتمع تعلم يحترم الفروق الفردية بين الطلاب.

مستويات النموذج الإثرائي المدرسي الشامل: اعتمد رينزولي عند تكوين نموذجه على مفهوم الحلقات الثلاثة للموهبة، ويتألف من ثلاثة مستويات (سليمان، 1999، ص182-183) كما يلي:

1. **المستوى الأول، الأنشطة الاستكشافية العامة:** يتعرض الطلاب في هذا المستوى لنشاطات استكشافية وموضوعات وجوانب معرفية تم تخطيطها لتعريفهم بخبرات، ومعارف جديدة غير متوفرة في المنهج المدرسي العادي. ويستخدم في تنفيذ هذا المستوى كافة المصادر المعرفية المتاحة لإثراء المواد الدراسية التقليدية، أو تقديم مواد دراسية جديدة، تتلاءم مع مستوى الطلاب وتكون مسؤولية هذا النوع من النشاطات الإثرائية لفريق تشكله المدرسة ويشمل أولياء الطلاب والمعلمين في البرنامج.

وتكمن أهمية هذا النوع من الإثراء (خولة يحيى، 2006م، ص310) في أنه:

- يعطي الفرصة لجميع الطلاب للاستفادة من هذا المستوى من الأنشطة.

- يساعد المدرسة على تبيين فكرة أن البرامج الإثرائية لا تصلح للطلاب الموهوبين فقط.

- يساعد الطلاب على اختيار المجالات التي ستنقلهم من المستوى الأول مستوى الاستكشاف إلى المستوى.

2. **المستوى الثاني، أنشطة تدريب الفرد أو المجموعات:** يتضمن هذا النوع من الإثراء المواد التعليمية والأنشطة التي تنمي عمليات التفكير العليا، ومهارات البحث والتوثيق والعمليات المتعلقة بالنمو الشخصي والاجتماعي، ويشمل هذا المستوى خبرات ونشاطات جماعية تدريبية بعضها موجه للطلاب العاديين في الصف العادي وبعضها خاص بالطلاب الموهوبين ويتم تنظيم هذه المستوى في غرفة مصادر الموهوبين.

ويشير كونجيلو ودايفس Colangoeo & Davis (عن خوله يحيى، 2006، ص310) إلى أن هذا المستوى يشمل أربعة أنواع من الأنشطة هي:

1. مهارات عامة في تنمية التفكير الإبداع وحل المشكلات والتفكير الناقد.

2. مهارات تتعلق بكيف نتعلم وتتضمن كيفية أخذ الملاحظات، المقابلة والتصنيف وتحليل المعلومات.

3. مهارات البحث واستخدام الموسوعات والمراجع.

4. تطوير مهارات الاتصال الشفوي والكتابي والبصري.

3. **المستوى الثالث، يتضمن اكتشاف الفرد أو المجموعات لمشكلات حقيقية:** يتضمن هذا المستوى نشاطات بحثية، ونواتج فنية وأدبية اختيارية، يمارس الطالب منها دور الباحث الحقيقي أو المحترف، ويستفيد من هذا المستوى الطلاب الذين يظهرون التزاماً خاصاً بمتابعة دراسة موضوع معين، أو التعمق في معالجة مشكلة أو قضية ما، وتتراوح نسبة الطلاب المستفيدين بهذا المستوى ما بين 5-10% من مجموع طلاب المدرسة.

وأشار كونجيلو وديفيس (عن خولة يحيى، 2006، ص310) لمجموعة من الأهداف التي يحاول هذا المستوى تحقيقها، وهي:

- إتاحة الفرص للطلاب لتطبيق اهتماماتهم ومعارفهم وأفكارهم الإبداعية، واستخدامها في دراسة قضية يختارونها بأنفسهم.

- تطوير مهارات التعلم الذاتي في مجالات التخطيط والتنظيم وإدارة الوقت واتخاذ القرار.

- تطوير مستوى متقدم من الفهم للمعارف والطرق المستخدمة من قبل المختصين في المجالات الدراسية المختلفة.

- تطوير القدرة على الالتزام والإنجاز والقدرة على التواصل الفعال مع الطلاب الآخرين والمعلمين

- تطوير أعمال إنتاجية تتميز بالأصالة تكون ذات فائدة.

ضغط المنهج Curriculum Compacting: يتم توفير الأوقات للطلاب الموهوبين الذين تم اختيارهم في المدرسة العادية لدراسة المنهج الإثرائي المخطط في ضوء النموذج الإثرائي المدرسي الشامل ليلتحقون بغرفة مصادر الموهوبين مع معلم مختص في أوقات معينة أثناء اليوم الدراسي العادي من خلال ضغط المنهج العادي، حيث يستمرون مع أقرأنهم في دراسة المنهج العادي إضافة إلى المنهج الإثرائي خارج نطاق الحصص الدراسية العادية، ويتم استثمار الوقت المتوفر من ضغط المنهج العادي في ممارسة أنشطة البرنامج الإثرائي.

وضغط المنهج هو نظام تم تخطيطه لتكييف المنهج العادي وذلك لتلبية احتياجات الطلاب ذوي القدرات العالية، إما باستبعاد المواد التي أتقنوها سابقا، أو بتفعيل الأعمال التي يمكن أن تتناسب وقدرات الطلاب، ويمكن استخدام الوقت المتوفر من هذا النظام بتقديم أنشطة إثرائية وتسريعية ملائمة (الحروب، 1999،ص127) وهو أسلوب تعليمي خطط خصيصا لييسر القيام بالتعديلات المنهجية التي تلائم الطلاب في أي مجال من مجالات المنهج وفي أي صف دراسي(Ries et al,1991, P:96).

ولخصت سوزان واينبرنر (1999، ص58) عملية ضغط المنهج في الإجراءات التالية:

1. تحديد مجالات القوة لدى الطالب.

2. إجراء اختبار قبلي لتحديد ما يعرفونه من المفاهيم التي تنوي أن تقوم بتدريسها.

3. إعفائهم من إضاعة وقتهم في الإعادة لكي يستعملوا وقتهم في عمل له معنى بالنسبة لهم.

ولتطبيق ضغط المنهج يستكمل نموذج معد خصيصاً لذلك. ويوجد لضغط المنهج ثلاثة أهداف رئيسة، (الحروب، 1999، ص127) هي:

1. إيجاد بيئة تعليمية أكثر تحدياً.

2. توفير الوقت لأنشطة إثرائية وتسريعية مناسبة.

3. ضمان إتقان المنهج الأساسي.

وهناك متطلبان أساسيان لنجاح ضغط المنهج هما التشخيص الدقيق، والمعرفة القوية لمحتوى وأهداف الوحدة التعليمية. وعلى المعلم أولاً التعرف على مجالات قوة المنهج التي يتفوق بها الطلاب المرشحين لضغط المنهج لأنهم من مجموعة الطلاب الموهوبين والطلاب الآخرين الذين أثبتوا إتقانهم للمنهج الأساسي، ومن ثم تحديد البدائل الإثرائية، والتسريعية المتنوعة، لتقديمها لهؤلاء الطلاب والتي ستمنحهم مزيداً من الوقت لاجتياز مستويات متقدمة من الدراسة. (الحروب، 1999، ص127).

ثانياً: النموذج الإثرائي الفاعل: أرجع الجغيمان (د.ت، ص24) مؤسس برنامج الموهوبين المدرسي تكوين النموذج الإثرائي الفاعل بالرجوع لعددٍ من النماذج العالمية في هذا المجال، إضافة إلى إسهام عددٍ من الخبراء في مجال تربية وتعليم الموهوبين والمشرفين التربويين في الميدان التربوي في تطويره ومواءمته ليكون أساساً لمعظم الفعاليات الرئيسة في تقديم الخدمات التربوية والتعليمية الخاصة والعامة للطلاب الموهوبين في المدارس، ويعمل النموذج على إيجاد صيغة من التفاعل بين ركائز ثلاث هي:

1. المحتوى العلمي المتعمق.

2. مهارات البحث والتفكير.

3. السمات الشخصية المؤثرة.

ويعمل على تهيئة إطار عام لخبرات تربوية متعددة يمر بها الطالب الموهوب عبر ثلاث مراحل رئيسة متدرجة (الإدارة العامة لرعاية الموهوبين والموهوبات،2006، ص25):

1. **الاستكشاف:** مرحلة يتم من خلالها تحفيز الطالب الموهوب إلى موضوع البرنامج والتعرف على ميوله في أي الاتجاهات ممكن أن يسير.

2. **الإتقان:** مرحلة تقوم على حاجة الطالب الموهوب إلى إتقان مجموعة من المهارات التفكيرية والبحثية من خلال محتوى تتوافر فيه الشروط اللازمة من عمق وتشعب.

3. **التميز:** مرحله تظهر فيه شخصية الطالب المستقلة.

ويتدرج النموذج في أربع مستويات ليحقق أهدافه (الجغيمان د.ت، ص26):

1. الأول ويعرف بالإعداد: يحتوي على مجموعة استراتيجيات أساسية لتنمية التفكير التقاربي والتباعدي، مثل العصف الذهني، وبعض مهارات الكورت، و سكامبر.

2. الثاني ويعرف بالتمكن: يحتوي على برنامج حل المشكلات إبداعيا SPC.

3. الثالث ويعرف بالقوة: يحتوي على برنامج حل المشكلات المستقبلية FPS.

4. الرابع ويعرف بالانطلاق: يحتوي على برنامج البحث الانفرادي IIM.

أهداف النموذج الإثرائي الفاعل: يهدف لتحقيق الأهداف التالية (الجغيمان، د.ت، ص11):

1. مساعدة معلم الموهوبين على تنظيم الخبرات التربوية وفق خطة مدروسة ومنظمة ومتدرجة تتناسب وحاجات الطلاب الموهوبين.

2. مساعدة معلم الموهوبين على بناء المحتوى العلمي والمهاري الذي يتسم بالتنوع والعمق العلمي والتحدي الفكري الذي يراعي سلوك الطالب الموهوب.

3. توفير إطار عام للبرامج الإثرائية المقدمة للطلاب الموهوبين.

فلسفة النموذج: مساعدة الطالب على تنمية قدراته التعليمية من خلال محتوى علمي عميق مع إعطاء أولوية خاصة وعناية فائقة للدوافع الداخلية والاتجاهات الشخصية التي تجعل لعملية التعلم قيمة عندما يعي كيف يتعلم؟ مـاذا يتعلم؟ لماذا يتعلم (الجغيمان، د.ت، ص27).

النظريات العلمية المبني عليه النموذج:

1. **النظرية البنائية:** يلخص ايراسيان وولش Airasian & Walsh (عن زيتون،2004) مفهوم البنائية على أنه الكيفية التي يتم من خلالها اكتساب العمليات العقلية، وتطويرها، واستخدامها (ص212)، ويصور البنائيون التعلم باعتبارها نتيجة لعملية بناء عقلي تحدث عندما يوائم الفرد ويركب أو يربط بشكل مناسب المعرفة الجديدة مع ما لديه من معارف سابقة لكن الفرد يتعلم أفضل عندما يبني وبشكل نشط فهمه الخاص للأحداث أو الظاهرات أو الأفكار (القاسم والشرقي، 2005، ص201)، لذا يتمثل المنهج بمجموعة مواقف أو خبرات أو مشكلات حسية أو غير حسية، حقيقية أو غير حقيقية تنتمي لحياة الطلاب وواقعهم، وتستثيرهم وتحفزهم على التفكير الإيجابي في الموضوع، والعمل جسمياً وعقلياً لإيجاد الحلول المطلوبة وحلول أخرى أبعد منها، وبهذا ينتجون المعرفة أو يبنونها (القاسم والشرقي، 2005، ص207) ويخلص النموذج الإثرائي الفاعل من هذه النظرية إلى (الجغيمان، د.ت، ص28):

- الطالب الموهوب يبني فهمه الخاص من خلال تعامله مع الخبرات التي تقدم له.
- الطالب الموهوب يتعامل ويتفاعل مع المعلومات والبيانات بصورة مباشرة بحيث يكون المتعلم دائما نشط يقوم بالبحث عن المعرفة بنفسه.

2. **نظرية الحلقات الثلاث:** يلخص رينزولي وسالي رايس(2006) نتائج الأبحاث والدراسات التي تناولت مفهوم الموهبة بان السلوك الموهوب يتكون من

سلوكيات تعكس التفاعلات بين المكونات الثلاثة للسمات الإنسانية: قدرة فوق المتوسطة، ومستوى مرتفع من الالتزام بالعمل، ومستوى مرتفع من الإبداع في أي مجال. وأن الأشخاص القادرين على السلوك الموهوب يمتلكون أو يستطيعون تنمية هذه التركيبة من السمات، وتوظيفها في أي مجال ذي قيمة من مجالات النشاط البشري، هؤلاء الأشخاص سواء عبروا فعلا عن هذا التفاعل، أو كان باستطاعتهم تنميته، هم في حاجة إلى فرص وخدمات تربوية متنوعة ومتعددة لا تتوفر في نظام التعليم التقليدي (ص27) كما لا يشترط توافر جميع السمات في شخص ما، أو في موقف ما حتى يتحقق سلوك الموهبة. ومن أجل ذلك تؤكد نظرية الحلقات الثلاث للموهبة على التفاعل بين المكونات الثلاثة، ولا تؤكد على أي منها منفرداً ومن أجل ذلك أيضا تؤكد أن السلوك الموهوب يتحقق لدى بعض الناس وليس كل الناس في بعض الوقت وليس كل الوقت وتحت ظروف معينة وليس في كل الظروف (رينزولي وسالي رايس، 2006، ص28) ويخلص النموذج الإثرائي الفاعل من هذه النظرية إلى (الجغيمان، د.ت، ص30):

- أخذ مؤشرات الدافعية العالية والقدرات الإبداعية محكات بعين الاعتبار عند الانضمام إلى البرامج الإثرائية المعدة وفق منهجيته.
- تنمية الدوافع الداخلية بوسائل متعددة وغير مباشرة.
- تنمية القدرات الإبداعية من خلال برامج تنمية التفكير والإبداع.
- مراقبة الدوافع الداخلية باستمرار.

3. **النظرية الثلاثية:** أرجع ستيرنبيرغ بناء نظريته الثلاثية إلى اعتماده على ثلاث نظريات سبقته في الذكاء، مع وجود اختلاف بسيط في مدى التركيز على بعض القدرات ومدى التفهم لها. ونجد أول هذه النظريات نظرية جيلفورد Guilfordالتي تنظر على أن الذكاء يمكن أن يفهم بثلاث أوجه هي العمليات، والمحتوى

والنتائج. بعد ذلك نظرية كاتل Cattell التي خلصت لثلاثة أنواع من القدرات وهي: القدرة العقلية العامة، والقدرات العقلية الخاصة، والعوامل الأولية التي تتشكل من الثقافة والعلم. واعتمد أيضا على ما نظر له رينزولي في اقتراحه لثلاثة سمات إنسانية تتداخل معاً، وهي القدرة العقلية فوق المتوسط، والالتزام بالمهمة أو المثابرة العالية، والإبداع غير العادي (الحروب، 1999م، ص83).

وتتكون نظرية ستيرنبيرغ الثلاثية في الذكاء من ثلاثة نظريات فرعية هي أساس فهم الذكاء فوق العادي (الحروب، 1999م، ص84-87) وهي:

1- **النظرية المركبة في الذكاء:** ومكونات المعالجة المعلوماتية التي تحدث في العالم الداخلي للفرد والتي يكون عملها؛ تعلم كيف عمل الأشياء، و التخطيط للعمل، والعمل بشكل دقيق.

2- **النظرية البيئية في الذكاء:** نجد أن ستيرنبيرغ عرف الموهبة بالتكيف مع البيئة فالذكاء مرتبط بالواقع المحيط بالفرد، فليس شرطاً أن يكون الموهوب في أمريكا هو كذلك في إفريقيا والعكس صحيح، وتبعاً لهذه النظرية فإن معيار قياس الذكاء يعتمد على أسلوبين هما:

1. قدرة الفرد من خلال عمله اليومي على أداء المهمات بصورة متميزة دون تعلم مسبق.
2. مقارنة سلوك الفرد مع السلوك المثالي للإنسان الذكي.

3- **النظرية التجريبية في الذكاء:** وتربط هذه النظرية بين الذكاء والخبرة التي يمر بها الفرد، حيث تشير إلى أن معيار قياس الذكاء يعتمد على توفير إحدى المهارتين التاليتين أو كليهما:

1. الحداثة، وهي القدرة على التعامل مع المهمات الجديدة، ومتطلبات الموقف الجديد.
2. الذاتية, وهي القدرة على معالجة المعلومات ذاتياً، سواء أكانت معقدة أم بسيطة.

ويخلص النموذج الإثرائي الفاعل من هذه النظرية إلى (الجغيمان، د.ت، ص31):

- موضوعات الوحدات الإثرائية تعالج مواقف حياتية قريبة من الطالب كمجالات رئيسية لعمليات التطبيق.

- مناشط البرنامج الإثرائي تشجع وبقوة الطلاب على إبراز أساليبهم الخاصة في التعامل مع المواقف المتنوعة وتعلم أساليب جديدة.

- مناشط البرنامج الإثرائي توفر وبوضوح تام استراتيجيات متنوعة للتعامل مع المواقف والمشكلات المتنوعة والخروج بحلول وتصورات جديدة.

- المهارات الاجتماعية والشخصية المؤثرة دائماً ما تكون جزءاً مهما من الوحدات الإثرائية داخل البرنامج.

- التدريب على مهارات التفكير ينطلق من حياة الطالب الاجتماعية.

برنامج الموهوبين المدرسي:

برنامج تربوي ملحق بمدارس التعليم العام يقدم خدماته للطلاب الموهوبين لاكتشاف مواهبهم وتنميتها، وتسند مهام هذا البرنامج إلى معلم الموهوبين الذي يعمل على تهيئة خبرات تربوية متنوعة توفر فرصاً عديدة لاكتشاف مواهب الطلاب المتعددة ومساعدتهم على تنميتها من خلال البرامج الإثرائية المعتمدة على النموذج الإثرائي الفاعل في بنائها والتكليفات الخاصة في الصفوف الدراسية العادية وغرف مصادر الموهوبين.

الأهداف العامة لبرنامج الموهوبين المدرسي: يهدف البرنامج (الإدارة العامة لرعاية الموهوبين والموهوبات، 2005، ص18) إلى:

1. تهيئة رعاية تربوية متخصصة لمواهب الطلاب المتنوعة من خلال أعضاء دائمين في المدرسة.

2. تأهيل معلمين للعمل في تربية وتعليم الموهوبين في كل مدرسة على درايةٍ جيدةٍ بأساليب تدريس الموهوبين وسبل تعزيز جوانب القوة لجميع الطلاب في جميع المجالات.

3. توفير فرص تربوية متنوعة وعادلة لجميع الطلاب لإبراز مواهبهم وتنميتها في مدارس التعليم العام.

أهمية برنامج الموهوبين المدرسي: المنهج التعليمي المقدم في الصفوف العادية يفقد الطلاب الموهوبين روح التحدي ويصيبهم بالكسل الذهني لعدم توافقه مع قدراتهم العقلية؛ من هنا يأتي دور معلم الموهوبين ليسهم في سد كثير من هذه الفجوات، وتقديم فرص تربوية لجميع الطلاب لإبراز مواهبهم وتنميتها، لذا وجود المعلم يمكنه من (الإدارة العامة لرعاية الموهوبين والموهوبات، 2006، ص12):

- الحفاظ على توهج الموهبة لأنها تبرز أحياناً وتخبو أخرى لأسباب اجتماعية ونفسية.

- متابعة تطور مراحل الطالب العقلية أو العمرية يزيد من إنتاجيته ويحفزه على مضاعفة الجهد.

- تقديم برامج خاصة وفرص تربوية متنوعة تبرز من خلالها مواهب الطلاب المتعددة.

- تلبية حاجات المواهب المتعددة والمتنوعة بتقديم فرص تربوية متنوعة إما بشكل فردي أو جماعي.

- تقديم خدمات لمعلمي الصفوف الدراسية وأولياء أمور الطلاب الموهوبين.

- تقديم رعاية خاصة ومستمرة تتعدى تنمية القدرات العقلية والمعرفية إلى توفير خدمات إرشادية و اجتماعية و نفسية مناسبة للطلاب الموهوبين.

مراحل بناء برنامج الموهوبين المدرسي: مر بناء برنامج الموهوبين المدرسي بأربع خطوات مرحلية (الإدارة العامة لرعاية الموهوبين والموهوبات، 2006، ص13-20)، كما هو موضح في الشكل (8) وهذه المرحل، هي:

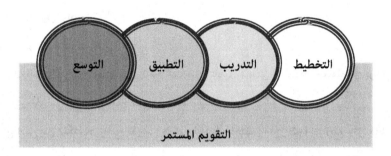

أولاً: مرحلة التخطيط: تم فيها وضع إطار نظري لمكونات البرنامج الرئيسة وشملت الآتي:

1. تحديد الأهداف التفصيلية.
2. تقويم حاجة المدارس إلى معلم موهوبين.
3. تحديد احتياجات الطلاب الموهوبين في مدارس التعليم العام.
4. دراسة واقع تنفيذ البرامج المشابهة في الدول الأخرى.
5. توصيف مهام معلم الموهوبين في مدارس التعليم العام.
6. تحديد البرامج والمناشط التربوية التي يتولى تنفيذها معلم الموهوبين.
7. وضع خطة زمنية لتنفيذ البرنامج.

ثانياً: مرحلة التخطيط للتدريب: وتضمنت الآتي:

1. التوصيف الأولي لمفردات البرنامج التدريبي.
2. مناقشة الصورة الأولية مع ممارسين في الميدان.
3. تحكيم البرنامج.
4. إعادة بناء البرنامج التدريبي وفق مرئيات المحكمين.

5. تحديد المدربين وتوزيع الحقائب.

6. تجريب البرنامج.

7. التحديد النهائي لمفردات البرنامج ومراحله المكثف والتتابعي.

ثالثاً: مرحلة التطبيق: وتضمنت الآتي:

1. اختيار الفريق المنفذ للبرنامج.

2. تنفيذ البرنامج التدريبي: وينقسم البرنامج التدريبي لتأهيل معلمي الموهوبين العاملين في برنامج الموهوبين المدرسي إلى ثلاثة برامج تدريبية أثناء الخدمة، هي:

1- **البرنامج التدريبي المكثف:** برنامج تدريبي مكثف لتأهيل المعلمين الذين تم اختيارهم وفق معايير ترشيح معلمي الموهوبين، مدة هذا البرنامج 100ساعة تدريبية موزعة على أربع دورات مدة كل دورة 25ساعة تدريبية كما هو موضع في التالي:

الدورة	الهدف العام للدورة التدريبية
1. **أساسيات في تربية الموهوبين**	القدرة على تحديد أهم النظريات والتطبيقات التربوية المتعلقة ببرامج الموهوبين والتعرف على الحاجات النفسية والاجتماعية للطلاب الموهوبين.
2. **أساليب تمييز وتقويم لموهوبين**	القدرة على استخدام الأساليب الكمية والنوعية لتمييز الموهبة ومقدار نموها.
3. **مهارات التفكير**	القدرة على تهيئة بيئة تربوية تساعد على تنمية واستخدام التفكير الإبداعي وناقد لدى جميع الطلاب.
4. **تصميم البرامج الإثرائية**	القدرة على تصميم واستخدام البرامج الإثرائية التي تساعد على تنمية الموهبة.

2- **البرنامج التدريبي المصاحب:** وهو برنامج تدريبي يقدم بصورة مستمرة طوال الفصل السنة الدراسية الأولى من عمل معلم الموهوبين وذلك بتخصيص يوم واحد من كل أسبوع لعقد ورش عمل مجدولة لمواكبة الحاجات التدريبية الميدانية لمعلم الموهوبين.

3- **البرنامج التدريبي التتابعي:** مجموعة الوحدات التدريبية تقدم في بداية كل فصل دراسي خلال الأربع السنوات الأولى من عمل معلم الموهوبين، ليعمل على تطبيقها في الميدان، وهذه البرامج التدريبية كما يلي:

الوحدة التدريبية	الهدف للوحدة التدريبية
1. موهبة بلا حدود	القدرة على تنفيذ برنامج موهبة بلا حدود في الصفوف الدراسية العامة.
2. حل المشكلات إبداعيا	القدرة على استخدام حل المشكلات إبداعياً في البرنامج الإثرائي.
3. دمج مهارات التفكير	القدرة على تهيئة بيئة تربوية تساعد على تنمية التفكير لجميع الطلاب.
4. حل المشكلات المستقبلية	القدرة على استخدام حل المشكلات المستقبلية في البرنامج الإثرائي.
5. ضغط المنهج	القدرة على تطبيق إستراتيجية ضغط المنهج لتوفير أوقات للبرنامج.
6. النموذج الإثرائي المدرسي	القدرة على تنفيذ بعض استراتيجيات النموذج الإثرائي المدرسي الشامل.
7. الذكاء المتعدد	القدرة على التمييز بين أنواع الذكاء وسبل رعايتها.
8. أساليب البحث العلمي	القدرة على تدريب الطلاب على أساليب البحث العلمي بصورة منظمة.
9. التفكير الناقد	القدرة على تنفيذ برنامج القراءة الناقدة في الصفوف الدراسية الخاصة والعامة.

التقويم المستمر: عملية التقويم مستمرة مروراً بمراحله الأربع ليتوافق الواقع التربوي للبرنامج مع آخر معطيات الدراسات العلمية والتجارب العملية وطنياً ودولياً.

التقويم المرحلي: يهتم البرنامج بالتقويم المرحلي لجميع إجراءاته وأداء المشاركين فيه ونوعية الرعاية التي يقدمها للطلاب.

رابعاً: مرحلة التوسع: من خلال نتائج المرحلة التطبيقية وما نتج عنها من تعديل وتطوير في البرنامج، عملت الإدارة العامة للموهوبين بالتوسع التدريجي في كافة الإدارات التعليمية.

اختيار معلمي الموهوبين العاملين في البرنامج: يتم اختيار معلمي الموهوبين من معلمي التعليم العام أو خريجي تخصص الموهبة والتفوق العاملين في المدارس أو مراكز الموهوبين؛ ويشترط للعمل في البرنامج (العنزي، 2005، ص60) المعايير التالية:

- درجة البكالوريوس في أي مجال من مجالات التربية.
- ممارس لمهنة التدريس في مدارس التعليم العام أو مراكز الموهوبين.
- مهارات تدريسية عالية.
- اجتياز البرنامج التأهيلي لإعداد معلمي الموهوبين.

وللتأكد من توافر هذه الشروط في المرشح يتم طلب ما يلي:

- صورة من شهادة البكالوريوس.
- تقرير الأداء الوظيفي للثلاثة الأعوام الأخيرة.
- تزكية من قبل المشرف التربوي يشهد فيها بكفاءة المرشح.
- الحصول على درجة (80%) أو أعلى في مجموع درجات استمارات الترشيح.
- اجتياز إجراءات المقابلة الشخصية.

مهام برنامج الموهوبين المدرسي: من أهم المهام التي يسهم برنامج الموهوبين في تحقيقها، والتي تم إعداده من أجلها (الجغيمان، د.ت، ص 22):

- الإسهام في نشر الوعي بأنماط الموهبة وسبل رعايتها في المجتمع المدرسي وخارجه.

- المساعدة في تصحيح بعض المفاهيم الخاطئة عن الموهبة والموهوبين.

- الإسهام في رعاية المواهب الخاصة وتنميتها بأسلوب علمي منظم داخل المجتمع المدرسي.

- العمل مع أولياء الأمور لتقديم خدمات تكاملية في رعاية مواهب أبنائهم.

- تقديم الاستشارات الخاصة للمعلمين فيما يتعلق بسبل رعاية بعض المواهب وتنمية التفكير داخل الصف الدراسي العادي.

- تحقيق التكامل في منهج التعليم العام فيما يتعلق بقدرات وحاجات الطلاب الموهوبين العقلية والمعرفية.

- تقديم برامج إثرائية تساعد على زيادة العمق المعرفي وتنمية التفكير الإبداعي لدى من تم تصنيفهم ضمن الفئة المستهدفة للبرنامج من الطلاب.

أساليب الكشف والاستراتيجيات المتبعة في برنامج الموهوبين المدرسي:

أولاً: التعرف على الطلاب الموهوبين: تم تحديد عملية التعرف في البرنامج وفق الضوابط التالية (الإدارة العامة للموهوبين،2007، ص10):

1. يقوم معلم الموهوبين في المدرسة بالتعرف على الطلاب الموهوبين وفق محكات التعرف المعتمدة من وزارة التربية والتعليم، وهي:

- مقياس تورانس للتفكير الإبداعي.

- مقياس القدرات العقلية الخاصة.

- مقياس وكسلر لذكاء الأطفال.

- السمات الشخصية.

- التحصيل الدراسي.
- الناتج الإبداعي.

2. لا يستخدم في الكشف على الموهوبين أسلوب القمع لتقليل عدد الطلاب بل تتاح الفرصة لكل طالب يجتاز محكين فأكثر يكون أحدهما محكاً موضوعياً (تورانس أو وكسلر أو قدرات).
3. يفترض أن لا تزيد نسبة الطلاب المرشحين لبرنامج الموهوبين عن 20% من طلاب المدرسة ولا تقل عن 15 %.
4. يتم الكشف على الطلاب في بداية العام الدراسي لضمان وإيجاد الخدمات اللازمة لهم وإدراجهم في البرامج الإثرائية، ويتوصل الكشف للحالات التي يلاحظ عليها قدرات عالية أثناء العام الدراسي.

ثانياً: استراتجيات التربية والتعليم: تقدم برامج تربية وتعليم الموهوبين ضمن برنامج الموهوبين المدرسي من خلال أساليب علمية تربوية متعددة (الإدارة العامة للموهوبين، 2007، ص8) ومنها:

1. استراتيجيات الإثراء.
2. استراتيجيات الإسراع.
3. أسلوب التفريد أو التتلمذ.

والبرامج الإثرائية في برنامج الموهوبين المدرسي على نوعين (الإدارة العامة للموهوبين،2007، ص6):

أولاً: برامج الإثراء الرئيسة: وهو المنهج الإثرائي المخطط وفق النموذج الإثرائي الفاعل، ويقدم بصورة متكاملة يضم ثلاث برامج إثرائية هي:

1. برنامج الإثراء الأساس ويقدم أثناء الدوام الصباحي.
2. برنامج الإثراء المستمرة ويقدم خلال الفترة المسائية والعطل الأسبوعية.
3. برنامج الملتقيات الصيفية ويقدم خلال الإجازة الصيفية.

ثانياً: البرامج الداعمة: ومنها ما يلي:

1. البرامج التوعوية والإرشادية.

2. برنامج تنمية الاختراع.

3. المسابقات الإبداعية.

4. خدمات الطلاب ذوي المواهب الخاصة. وفيها يتعرف معلم الموهوبين على الطلاب ذوي القدرات العالية والمواهب الخاصة في المدرسة في المجالات الأكاديمية كالرياضيات والعلوم، ومجالات التقنية والاختراع والابتكار وغير ذلك ويقدم لهم برامج إثرائية عن طريق (الإثراء أو التتلمذ أو نحوه من الخيارات التربوية المناسبة لتربية وتعليم الموهوبين).

مهام العاملين في برنامج الموهوبين المدرسي:

أولاً: مهام مدير المدرسة (وزارة التربية والتعليم، تعميم 64/448 في 1427/10/8):

1. تأسيس قاعة دراسية (غرفة مصادر الموهوبين) خاصة للبرنامج.

2. متابعة أداء معلم الموهوبين بالتنسيق مع المشرف التربوي.

3. اختيار المعلمين الأكفاء المتعاونين مع البرنامج.

4. متابعة ضوابط وتعليمات تطبيق إستراتيجية ضغط المنهج.

5. تحفيز المعلمين لتطبيق بعض مهارات التفكير أثناء تدريسهم للمنهج الدراسي وكذلك استراتيجيات التدريس الحديثة بالتعاون مع معلم الموهوبين.

6. رفع التقارير الدورية عن معلم الموهوبين و التقرير الختامي عن البرنامج بالمدرسة.

7. تزويد معلم الموهوبين بالمواد والوسائل التعليمية المتوفرة بالمدرسة والتي تمكنه من أداء مهمته.

8. حث المجتمع المدرسي على نشر التوعية المدرسية والتوعية الأسرية في مجال الموهبة والموهوبين.
9. تشكيل لجنة الموهوبين.

ثانياً: مهام معلم الموهوبين (الإدارة العامة للموهوبين،2007، ص18):

1. إعداد خطة سنوية للبرنامج الموهوبين المدرسي.
2. الالتزام بتنفيذ الخطة التي يضعها مع تنفيذ المنهج الإثرائي وفق الضوابط المحددة من الإدارة العامة للموهوبين.
3. حضور ورش العمل العلمية الدورية التي تنسقها إدارة التربية والتعليم.
4. حضور الاجتماعات الدورية والمناسبات ذات العلاقة مع المشرف التربوي.
5. حضور البرامج التدريبية التي يدعى إليها من قبل إدارة التربية والتعليم.
6. تنفيذ معرض سنوي ختامي لعرض أعمال ومنجزات الطلاب الموهوبين بالمدرسة.
7. إعداد تقرير ختامي خاص بتنفيذ البرنامج بالمدرسة وإرساله إلى إدارة التربية والتعليم.
8. اختيار الطلاب الموهوبين للبرنامج داخل المدرسة من خلال تطبيق معايير ومقاييس الترشيح.
9. متابعة المستوى العلمي والنواحي النفسية والاجتماعية للطلاب الموهوبين بالمدرسة.
10. توعية المجتمع المدرسي وأولياء أمور الطلاب بسبل تربية وتعليم الموهوبين.

تخطيط معلم الموهوبين للبرنامج الإثرائي: يضع معلم الموهوبين خطة سنوية لبرنامجه الإثرائي المعد وفق النموذج الإثرائي الفاعل يوضح من خلالها الخطوط الرئيسة لمجموع الفعاليات والمناشط التي سيقدمها للطلاب الموهوبين خلال العام الدراسي. هذه الخطة مقسمة إلى ثلاثة أقسام رئيسة هي:

1. الإطار النظري لخطة البرنامج الإثرائي.
2. الإطار العام للبرنامج الإثرائي.
3. الأطر العامة للوحدات الإثرائية.

ونعرض بشيء من التفصيل، هذه الأقسام على النحو التالي:

أولاً: الإطار النظري لخطة البرنامج: الإطار النظري لخطة البرنامج الإثرائي يتضمن العناصر الرئيسة التالية (الجغيمان، د.ت، ص40-42):

1. **فلسفة الخطة:** وتبين لماذا هذا البرنامج الإثرائي؟ بما يتضمنه من مفاهيم ومعلومات ومهارات متداخلة ومنتجات وعلاقة ذلك بحياة الطالب وخبراته السابقة وأهميتها له مستقبلا.
2. **أهمية البرنامج:** وتبين اختلاف المنهج الإثرائي عن المنهج العادي وكذلك الكيفية التي سيتم من خلالها تنمية قدرات الطلاب الموهوبين الذهنية والشخصية.
3. **الأهداف العامة والتفصيلية:** وتصف السلوك المؤمل تحقيقه مع الطلاب بما يتوافق مع أهداف المستوى الذي توضع له الخطة.
4. **المحتوى:** ويحدد الخطوط العريضة للمعلومات والمفاهيم والمهارات المؤمل اكتسابها في المستوى المستهدف من الخطة.
5. **الأساليب والقدرات:** و يحدد من خلاله برنامج مهارات التفكير والبحث العلمي الرئيس في المستوى المستهدف مع شرح موجز عنه، إضافة إلى أساليب التدريس وطبيعة المشاريع التي ستتم الاستعانة بها لتحقيق الأهداف السابقة.
6. **المنتج:** يوضح من خلاله الصور المرحلية والختامية التي سيعبر الطلاب من خلالها عن فهمهم للمحتوى والأساليب المقدمة لهم في البرنامج، سواء كانت مرئية أو مسموعة أو مكتوبة أو تطبيقية.

7. **الوسائل التعليمية ومصادر المعلومات والمراجع:** والهدف هنا توضيح الوسائل التعليمية ومصادر المعلومات البشرية والمقروءة والمسموعة التي يحتاج إليها لتنفيذ محتوى البرنامج.

8. **التطبيقات التقنية:** والهدف أن نبين التطبيقات التقنية التي ينتظر من الطلاب إتقانها بمختلف أنواعها وفق المستوى المستهدف.

9. **المحيط التعليمي:** ويبين عناوين الوحدات الإثرائية التي سيحويها البرنامج متزامنة مع الأساليب والبرامج المستخدمة والمهارات التي من المفترض إتقانها والآليات التي سيتم اتباعها لضمان توفير بيئة تعلمية محفزة للاستكشاف والبحث، آمنة من الخوف، مثيرة للتفكير والبحث، مشجعة للعمل والنشاط والمشاركة في صنع القرار، موجهة للتصحيح الذاتي واكتشاف الذات.

10. **تقويم الإنجاز:** يبين من خلاله المعايير العامة التي في ضوئها يتم تحديد الحد الأدنى للإنجاز وسبل قياس تحقق الأهداف.

11. **التغذية الراجعة:** يتم تحديد الآليات التي تساعد في تحصيل بيانات للإجابة على، ما الأمور التي تم إنجازها بصورة جيدة؟ ما الأمور التي لم تتحقق؟ كيف يمكن إعادة تنظيم هذا البرنامج أو الوحدات الإثرائية لتحسين استفادة الطلاب منها في المرات القادمة؟

ثانياً: الإطار العام للبرنامج الإثرائي: الإطار العام للبرنامج الإثرائي يتضمن العناصر الرئيسة التالية (الجغيمان، د.ت، ص43-45):

1. **عنوان البرنامج:** اختيار عنوان البرنامج يتم وفق مصفوفة المعايير بين مجموعة كبيرة من العناوين انطبقت عليها شروط العنوان وهي مناسبة لمرحلة النمو، إمكانية التعمق، وأهميته للمجتمع، وإمكانية التشعب والتنفيذ، وتوفير المصادر، وأهميته للطالب وارتباطه به.

2. **الشجرة المعرفية:** شكل بياني يساعد على تفريع موضوع محتوى البرنامج إلى مجالات متنوعة من العلوم والمعارف، كما يساعد على تصور الاتجاهات والأفكار المتعددة والمتنوعة التي يمكن أن تسلكها وحدة إثرائية بعينها.

3. **المدخل:** مرحلة التعرف على خبرات الطلاب السابقة لتحديد سير واتجاه البرنامج الإثرائي ومدى تلبيته لاحتياجاتهم المتنوعة (الذهنية، النفسية، الشخصية..)، ويكون بالإجابة عن ثلاث أسئلة؛ ماذا يعرفون عن الموضوع؟ ماذا يريدون معرفته عنه؟ ماذا يحتاجون معرفته عنه؟

4. **الأسئلة الرئيسة:** يتم تحديد الموضوعات التي سيتناولها البرنامج في العام الدراسي من بين موضوعات الشجرة المعرفية في صورة أسئلة عامة متنوعة المجالات يحاول البرنامج الإجابة عنها.

5. **أهداف محتوى البرنامج:** تحدد الأهداف في ضوء الأسئلة السابقة وتصاغ بصورة إجرائية تحدد الآلية التي ستتم الإجابة من خلالها على الأسئلة الرئيسة، وفي الوقت نفسه تراعي مهارات التفكير العليا والبحث العلمي التي تم تحديدها للمستوى المستهدف.

6. **المخرجات التعليمية:** يتم استشراف ما سيتحصل عليه الطلاب من خبرات نتيجة لتحقق الأهداف ويعبر عنها بمنتجات متنوعة يتم تحديدها مبدئيا في مرحلة "التميز".

7. **المناشط الاستكشافية:** وهي بوابة البرنامج الإثرائي وعنصر الجذب المهم في تحريك الدوافع الداخلية لتلبية متطلبات العمل في البرنامج الإثرائي. تعمل هذه المرحلة على تحفيز الطالب الموهوب إلى موضوع البرنامج والتعرف على ميوله، لذا لا بد أن تعمل مناشط هذه المرحلة على جذب انتباه الطالب وكذلك إثارة دافعيته.

8. **محتويات مرحلة الإتقان:** وهي قلب البرنامج الإثرائي النابض، ويعتمد مدى النجاح في تحقيق أهداف البرنامج على مدى فاعلية وجدية مناشط هذه المرحلة. يتم التنصيص هنا على موضوعات الوحدات الإثرائية ونوع المهارات التفكيرية والبحثية والقدرات الشخصية التي سيتم التركيز عليها في كل وحدة.

9. **مصادر موضوعات البرنامج:** يحدد هنا المصادر المتنوعة بين المرئي والمسموع والمقروء وكذلك تنوع أسلوب مشاركة الطلاب في جمع المعلومات مثل: المقابلات الشخصية، الزيارات والرحلات، القراءة، أخذ ملخصات من محاضرة وغير ذلك.

10. **وسائل التقويم:** يتم تحديد إطار عام لوسائل تقويم فعاليات ومخرجات البرنامج بصورة مرحلية وختامية.

ثالثاً: الأطر العامة للوحدات الإثرائية: الوحدة الإثرائية تضم خبرات تربوية منظمة ومحددة تتخذ من المنتج وسيلة لاكتساب محتوى علمي متعمق ومهارات بحثية وتفكيرية وشخصية متنوعة يمكن تحقيقها في فترة زمنية متوسطة المدى. وبناء الوحدة الإثرائية الواحدة يتضمن العناصر التالية (الجغيمان، د.ت، ص46-48):

1. **موضوع الوحدة:** يحدد بالرجوع إلى الأسئلة الرئيسة ومحتوى مرحلة الإتقان في الإطار العام للبرنامج لتحديد موضوع الوحدة الإثرائية في ضوء قدرات وميول الطلاب، وأهميته للطالب والمجتمع وتميزه بالجدة والجاذبية وقابليته التعمق فيه و تنفيذه.

2. **العناصر الرئيسة لمحتوى الوحدة:** يتم ذلك بتفريع الموضوع إلى عناصره الرئيسة من خلال بناء الشجرة المعرفية الخاصة والتي تتسم بالعمق ومحدودية التشعب. ويراعى في اختيار عناصر موضوع الوحدة توافر المصادر، وخبرات الطلاب السابقة والتحدي والترابط مع أهداف البرنامج الإثرائي.

3. **المهارات:** يتم من خلاله تحديد مجموعة معينة من بين المهارات التفكيرية والبحثية والسمات الشخصية والاجتماعية لتكون مجال تركيز الوحدة مع مراعاة ترابطها فيما بينها، وتناسقها مع محتوى الوحدة المعرفي والمخرجات المراد تحقيقها.

4. **الأسئلة الرئيسة:** بعد تحديد عناصر الوحدة ومجالات تركيزها، يتم صياغة مجموعة من الأسئلة الرئيسة المعبرة عن تلك العناصر ومجالات التركيز التي ستحاول الوحدة الإجابة عنها. وظيفة الأسئلة هنا توجيه جميع فعاليات، ومناشط الوحدة لتبقى متسقة وفق رؤية واضحة. ويراعى في صياغة هذه الأسئلة أن تكون موجهة إلى عنوان الوحدة، ومثيرة لمهارات التفكير العليا، وتستدعي وقتا للبحث والتفكير المتعمق، ويمكن تفريع أسئلة مرحلية منها.

5. **الأهداف:** يجب أن تعمل صياغة الأهداف الإجرائية هنا على ترجمة الآلية التي سيتم اتباعها للإجابة عن الأسئلة السابقة. على أن تكون وثيقة الارتباط بأهداف البرنامج الإثرائي، ويمكن تحقيقها في فترة زمنية متوسطة المدى، وتحكي الخبرات التي سيكتسبها الطالب، وتتناول النمو الشامل للطالب.

6. **فريق العمل والمصادر اللازمة:** تحديد مصادر التعلم وفريق العمل الذي يحتاج إليه لتحقيق أهداف الوحدة بتحديد أسلوب توزيع الطلاب، وأعداد المجموعات، والخبرات العلمية ذات العلاقة بموضوع الوحدة من داخل المدرسة وخارجها (الفريق الإثرائي)، وتفصيل دقيق لمصادر التعلم من كتب ووسائل تعليمية وتقنية وبشرية، مع مراعاة تنوع هذه المصادر بين المرئي والمسموع والمقروء.

7. **مستويات التنقل في اكتساب الخبرة:** يتم تحديد منشط أو أكثر لمرحلة الاستكشاف مع مراعاة الجاذبية، وتحدد أيضا موضوعات وفعاليات مرحلة

الإتقان مع مراعاة الترابط ومجالات تركيز الوحدة، كما يحدد منتج أو أكثر لمرحلة التميز مع مراعاة الأصالة.

8. **الأدوار:** يوضع تصور لأدوار الفريق الإثرائي، يوضح كيف سيكتسب الطالب المحتوى العلمي؟ وكيف سيكتسب الطالب المهارات المحددة؟ وما أدوار الطالب؟ سواء كانت كتابية، أو بحثية، أو تنظيمية، أو تواصلية، وكما يوضح أدوار معلم الموهوبين، ويوضح أيضا أدوار المختصين؟

9. **المنتج:** لكل وحدة إثرائية منتجا أو أكثر، يمكن لمعلم الموهوبين اقتراح مجموعة من البدائل المناسبة لكل وحدة إثرائية على أن يترك أمر الاختيار وتحديد الشكل الذي سيخرج عليه المنتج للطلاب. على أن يؤخذ بعين الاعتبار عند تخطيطه، تحديده مع الطلاب وأن يكون نتاج عمليات تعلم متنوعة ومشجع للإبداع، وأن يتضمن حوارا اختياره تحديد كيف ومتى وأين سيتم عرضه.

التعقيب على الفصل الثالث:

يتضح من العرض السابق أن نماذج المناهج تقدم أساسا نظريا لتخطيط مناهج الموهوبين وتم استعراض فكرة النموذج الإثرائي المدرسي الشامل لرينزولي ذي الانتشار العالمي لتخطيط مناهج الموهوبين، كون النموذج الإثرائي المدرسي المستخدم لتخطيط المنهج الإثرائي في برنامج الموهوبين المدرسي بمدارس التعليم العام بمملكة العربية السعودية اعتمد عليها كثيرا عند بنائه، وما ينبغي التأكيد عليه هنا هو توفير الوقت للمنهج الإثرائي، كون النموذجين اتخذا من ضغط المنهج العادي استراتيجية لتوفير ذلك الوقت حيث إن النموذج الإثرائي المدرسي الشامل يجعل استراتيجية ضغط المنهج تسبق تنفيذ المنهج الإثرائي لتوفر الوقت له بشكل رئيس وهذا نجده متأخرا في برنامج الموهوبين المدرسي مما يجعله يواجه بعض المعوقات.

الباب الثاني

دراســـة ميدانيـــة

أدوار وصعوبات معلمي الموهوبين

المرتبطة بتخطيط وتنفيذ وتقويم المنهج الإثرائي

في برنامج الموهوبين المدرسي بمدارس التعليم العام

تمهيد:

استعرض الباحث في هذا الباب الدراسة الميدانية المنفذة على برنامج الموهوبين المدرسي بمدارس التعليم العام في المملكة العربية السعودية والتي هدفت إلى:

- تحديد الأدوار الفعلية لمعلمي الموهوبين المرتبطة بتخطيط وتنفيذ وتقويم المنهج الإثرائي في برنامج الموهوبين المدرسي بمدارس التعليم العام.

- معرفة تأثير تخصص معلمي الموهوبين الأكاديمي على درجة أداء أدوارهم المرتبطة بتخطيط وتنفيذ وتقويم المنهج الإثرائي في برنامج الموهوبين المدرسي بمدارس التعليم العام.

- تحديد الصعوبات المعيقة لمعلمي الموهوبين من أداء أدوارهم المرتبطة بتخطيط وتنفيذ وتقويم المنهج الإثرائي في برنامج الموهوبين المدرسي بمدارس التعليم العام.

واستخدم الباحث المنهج الوصفي في هذه الدراسة وتكون مجتمع الدراسة من (66) معلما من معلمي الموهوبين في مدارس التعليم العام واستخدمت الإستبانة كأداة دارسة وهي مكونة من (139) عبارة موزع على جزأين، (95) عبارة مثلت الأدوار و(44) عبارة مثلت الصعوبات وتراوح ثبات محاورها من 0.89 الى 0.92 وعرضت على 26 محكما واستخدمت في الدراسة الأساليب الإحصائية التكرارات والنسب المئوية والمتوسط الحسابي واختبار (ت).

وتوصلت الدراسة إلى النتائج التالية:

1. أظهرت النتائج أن ادوار معلمي الموهوبين المرتبطة بتخطيط وتنفيذ وتقويم المنهج الإثرائي التي تؤدى فعليا عند تخطيط وتنفيذ وتقويم المنهج الإثرائي في برنامج الموهوبين المدرسي بمدارس التعليم العام كانت تمارس كثيراً.

2. أظهرت النتائج عدم وجود فروق ذات دلالة إحصائية بين آراء مجتمع الدراسة من متخصصي (العلوم طبيعية) و (العلوم النظرية) حول ادوار معلمي الموهوبين عند تخطيط وتنفيذ وتقويم المنهج الإثرائي في برنامج الموهوبين المدرسي بمدارس التعليم العام.

3. أظهرت النتائج أن هناك بعض الصعوبات المعيقة لمعلمي الموهوبين من أداء أدوارهم المرتبطة بتخطيط وتنفيذ وتقويم المنهج الإثرائي في برنامج الموهوبين المدرسي بمدارس التعليم العام.

مقدمة

إن الموهوبين أعظم ثروة تعتمد عليها الدول في تقدمها وازدهارها، بل هي المحور الذي تدور حوله الحياة بحاضرها ومستقبلها، فالدول تعلو بموهوبيها (الهاشمي، 1993، ص17)، عندما تستخدم ثرواتها المادية في إحداث برامج لتربيتهم وتعليمهم، لكن في حال فشل المؤسسات التربوية والتعليمية في تحديد الطلاب الموهوبين في وقت مبكر قد يؤدي ذلك، في بعض الأحوال، إلى نفورهم من المنهج العادي وانحرافهم عن السواء إلى الإجرام (القذافي، 1996، ص22) لذا توجب على المؤسسات التربوية والتعليمية أن تغير من أساليبها وفلسفتها وسياساتها لتكون قادرة على القيام بدورها نحو الموهوبين بتخطيط المناهج التي تلائمهم، وتستخدم الطرق التربوية السليمة في التعامل معهم (وهبة،2007، ص12).

إن مناهج التعليم العام لا تتوافق وقدرات الطلاب الموهوبين العقلية ولا تلبي حاجاتهم النفسية والاجتماعية، وإن نسبة كبيرة من المتسربين من طلاب التعليم العام هم من الموهوبين وذلك نتيجة الملل الذي يشعرون به من جراء تكرار ما قد تمكنوا منه، أو نتيجة لعدم احتواء المنهج على عنصر التحدي، وعلى الرغم من التفوق الدراسي الذي يظهره عدد كبير من الموهوبين في مدارس التعليم العام إلا أن 50% من أوقات تواجدهم في المدرسة يذهب سدى دون فائدة تذكر (ماجدة بخيت،2007، ص686).

وعملية تخطيط المناهج تشكل اعقد العمليات في تربية وتعليم الموهوبين لما تتطلبه من جهدٍ ووقتٍ ومصادر غنية وتدريبٍ عالٍ مما يجعل الكثير من العاملين في مجال تربية وتعليم الموهوبين يلجؤون إلى المناهج الجاهزة (ناديا السرور،2003، ص163).

وعند ما أسندت الإدارة العامة للموهوبين بوزارة التربية والتعليم مهمة تخطيط المناهج الإثرائية لمعلمي الموهوبين العاملين في برنامج الموهوبين المدرسي الملحق بمدارس التعليم العام بعد تدريبهم على تخطيط المناهج الإثرائية عند تأهيلهم من معلمي تعليم عام إلى تعليم الموهوبين في مدارس التعليم العام وحيث إنهم هم المسؤولون عن تنفيذ المناهج التي خططوها توجب عليهم أن يكونوا متمكنين من الإجراءات التي تسبق تنفيذ المنهج الإثـرائي والإجراءات التي تصاحب تنفيذه والخطوات اللاحقة لتنفيذه مع الطلاب الموهوبين.

لقد أكدت دراسة الشرفي (2003)، ودراسة العنزي (2005)، ودارسة البلوي (2007) على أهمية إعداد معلمي الموهوبين ليتمكنوا من تخطيط المناهج الإثرائية فهم بحاجة إلى التعرف على ما إذا كانت الأدوار التي يقومون بها تعكس خلفية معرفية نظرية وعملية بمبادئ المنهج الإثرائي، أم أنها تعبر عن أداء يفتقر إلى القاعدة المعرفية الأساسية لهذا التطبيق، ولا يمكن التحقـق من ذلك إلا بالبحث، وتشخيص الواقع في أدوار وصعوبات معلمي الموهوبين المرتبطة بتخطيط وتنفيذ وتقويم المنهج الإثرائي في برنامج الموهوبين المدرسي الملحق بمدارس التعليم العام.

مشكلة الدراسة وتساؤلاتها:

أوصت دراسة الشرفي (2003) على ضرورة إعداد مناهج خاصة تقابل احتياجات الموهوبين وتستثير تفكيرهم (ص87). ونظراً لاختلاف مناهج الموهوبين عن مناهج العاديين ولاشتراطها توفر التحدي والتوسع والتعمق والتعقيد عند ما يقوم معلم الموهوبين بتخطيطها وإعدادها بالتعاون مع المعلمين الآخرين وذوي الاختصاص واعتماده طرق تدريس متنوعة تراعي تنوع الفروق الفردية الدقيقة بين الطلاب الموهوبين أنفسهم، وكذلك أنماط التعلم وأنماط التفكير وتعدد الاهتمامات

مما يجعلـه يلجأ إلى كافة مجالات التقويم الأولي منها والبنائي والمرحلي والنهائي (الخطيب وآخرون، 2007، ص370-371).

وأشار كلنتن (2002) إلى أن معلم الموهوبين يقضي ثلاثة أضعاف الزمن مع الطالب الموهوب مقارنة بالطالب العادي، وذلك لأنه يقوم بتعليم الطالب نسبة معرفية تكون محفزة لدافعية الطالب ليتجه نحو إثراء نفسه (ص52)، وعندما تفقد مناهج الموهوبين المعدة لهم عنصر التحدي واشتراطاتها الأخرى تتحول إلى حمل زائد يؤدي إلى ملل الطلاب الموهوبين وتسربهم وكسلهم الذهني (الجغيمان، 2008، ص5). وهذا ما يخشى منه على البرامج الإثرائية التي يقوم بتخطيطها وتنفيذها معلمو الموهوبين عندما لا يقومون بأدوارهم وفق ما تتطلبه مناهج الموهوبين عند تخطيط البرامج الإثرائية وتنفيذها وتقويمها في مدارس التعليم العام، لذلك فإن الدراسة تنطلق من خلال التعرف على الواقع الفعلي لأدوار معلمي الموهوبين المرتبطة بالمنهج الإثرائي التي يؤدونها عند تخطيط البرنامج الإثرائي للطلاب الموهوبين الملتحقين ببرنامج الموهوبين المدرسي لتشمل كافة الأدوار التي تسبق تنفيذ البرنامج الإثرائي مع الطلاب الموهوبين، وكذلك التي تصاحب تنفيذه وما يلحق عملية التنفيذ.

وبناء على ما تقدم فإن الدراسة ستحاول الإجابة عن الأسئلة التالية:

1. ما الأدوار التي يؤديها معلمو الموهوبين المرتبطة بتخطيط وتنفيذ وتقويم المنهج الإثرائي في برنامج الموهوبين المدرسي الملحق بمدارس التعليم العام؟

2. هل هناك فروق ذات دلالة إحصائية في درجة أداء معلمي الموهوبين لأدوارهم المرتبطة بتخطيط وتنفيذ وتقويم المنهج الإثرائي في برنامج الموهوبين المدرسي الملحق بمدارس التعليم العام تعزى لمتغير التخصص الأكاديمي؟

3. ما الصعوبات المعيقة لمعلمي الموهوبين من أداء أدوارهم عند تخطيط وتنفيذ وتقويم المنهج الإثرائي في برنامج الموهوبين المدرسي الملحق بمدارس التعليم العام؟

أهداف الدراسة:

تسعى الدراسة الحالية إلى تحقيق الأهداف التالية:

1. تحديد الأدوار الفعلية لمعلمي الموهوبين عند تخطيط وتنفيذ وتقويم المنهج الإثرائي في برنامج الموهوبين المدرسي الملحق بمدارس التعليم العام.
2. معرفة تأثير تخصص معلمي الموهوبين الأكاديمي على درجة أداء أدوارهم المرتبطة بتخطيط وتنفيذ وتقويم المنهج الإثرائي في برنامج الموهوبين المدرسي المحلق بمدارس التعليم العام.
3. تحديد الصعوبات المعيقة لمعلمي الموهوبين من أداء أدوارهم المرتبطة بتخطيط وتنفيذ وتقويم المنهج الإثرائي في برنامج الموهوبين المدرسي الملحق بمدارس التعليم العام.

أهمية الدراسة:

ترتبط أهمية الدراسة بالجوانب التالية:

1. تلقي الضوء على الأدوار الفعلية لمعلمي الموهوبين المرتبطة بتخطيط وتنفيذ وتقويم المنهج الإثرائي مما يسهم في تدريبهم أثناء الخدمة لتعزيز هذه الأدوار وتطويرها.
2. تقديم عدد من التوصيات التي قد تسهم في تحسين واقع المنهج الإثرائي الذي يخططه وينفذه ويقومه معلمو الموهوبين في برنامج الموهوبين المدرسي المحلق بمدارس التعليم العام.

3. الوقوف على بعض الصعوبات التي تحد من أداء أدوار معلمي الموهوبين المرتبطة بتخطيط وتنفيذ وتقويم المنهج الإثرائي في برنامج الموهوبين المدرسي الملحق بمدارس التعليم العام.

حدود الدراسة:

الحدود البشرية: تقتصر الدراسة على معلمي الموهوبين العاملين في برنامج الموهوبين المدرسي المحلق بمدارس التعليم العام في المملكة العربية السعودية والقائمين على أعمالهم في العام لدراسي 1429/1428هـ في ضوء التخصص الأكاديمي.

الحدود المكانية: تم إجراء الدراسة في مدارس التعليم العام الملحق بها برنامج الموهوبين المدرسي في بعض مناطق المملكة العربية السعودية .

الحدود الزمانية: تمت هذه الدراسة وإجراءاتها الميدانية في الفصل الدراسي الأول من العام الدراسي 1429/1428هـ

الحدود الموضوعية: وتشمل الأدوار التي يقوم بها معلمو الموهوبين عند تخطيط وتنفيذ وتقويم المنهج الإثرائي الذي يتبعونه في برامجهم الإثرائية المعدة للطلاب الموهوبين الملتحقين ببرنامج الموهوبين المدرسي، وكذلك الصعوبات التي تحد من أداء هذه الأدوار، وهذا في ضوء فهمهم لعبارات أداة الدراسة المطبقة خلال العام الدراسي 1429/1428هـ

مصطلحات الدراسة:

1. **معلمو الموهوبين:** عرف اللقاني والجمل (2003) معلمي الموهوبين بأنهم "معلمون مؤهلون تربوياً أو أكاديمياً وثقافياً للقيام بتعليم الطلاب الموهوبين يتمتعون بسمات وخصائص معينة، تؤهلهم لتدريس هذه الفئة التي تتمتع بقدرات ومهارات لا يمتلكها الطلاب العاديون" (ص274).

ويقصد الباحث بمعلم الموهوبين المعلم المكلف رسمياً من وزارة التربية والتعليم للعمل معلماً للموهوبين والذي أسندت له مهام برنامج الموهوبين المدرسي، هو أحد معلمي التعليم العام الذي لا يشترط له تخصص معين أو من معلمي التفوق والموهبة، الذي أتم برنامجا تدريبيا تأهيلياً مكثفاً في مجال الموهبة والموهوبين أثناء الخدمة تنظمه الإدارة العامة للموهوبين، والمتفرغ تفرغا تاما للعمل في برنامج الموهوبين المدرسي الملحق بمدارس التعليم العام.

2. **أدوار معلمي الموهوبين:** عرف مسعود (2005) دور المعلم بأنه " ذلك الأداء المهني الذي يقوم به المعلم داخل وخارج الغرفة الصفية والذي يهدف إلى إحداث تغيير في سلوك الطلاب وتزويدهم بالمعلومات والمهارات والاتجاهات والإيجابية للتعلم" (ص81).

ويعرف الباحث أدوار معلمي الموهوبين إجرائيا بأنها مجموعة الأدوار التي تمثل الخطوات والإجراءات التي يتبعها وينفذها معلم الموهوبين لتخطيط وتنفيذ وتقويم المنهج الإثرائي والتي تم تضمينها في أداة الدراسة الحالية.

3. **صعوبات معلمي الموهوبين:** هي ما يواجه معلمي الموهوبين من صعوبات تعيقهم من أداء أدوارهم المرتبطة بتخطيط وتنفيذ وتقويم المنهج الإثرائي والتي تم تضمينها في أداة الدارسة الحالية.

4. **تخطيط المنهج:** تخطيط المنهج عملية إعداد خطة مفصلة لبناء المنهج يتم فيها تحديد أهدافه ومحتواه وخبرات التعلم وطرق التدريس والأدوات والمواد اللازمة لتنفيذه، وكيفية تقويمه ومتابعته (السويدي والخليلي،1997، ص163)، وعرفه الشهري (2003) بأنه" عبارة عن عملية تنظيمية يتم على أساسها اختيار الخبرات والأنشطة التي سيتم تقديمها للمتعلم داخل المدرسة أو خارجها وتنظيمها بشكل يوضح كيفية تنفيذها وتقويمها" (ص5).

ويعرف الباحث تخطيط المنهج الإثرائي بأنه عملية إعداد خطة البرنامج الإثرائي التي تتضمن خطوات وإجراءات يتبعها معلم الموهوبين لإعداد الإطار النظري لخطة البرنامج ووحداته الإثرائية والتي تم تضمينها في أداة الدراسة الحالية.

5. **تنفيذ المنهج:** تنفيذ المنهج يتضمن ترجمة الأفكار من مادة مكتوبة إلى عمل داخل غرفة الصف وتحويل أفكار وسلوكيات الأفراد إلى نماذج خاصة بهم، وإنجاز هذا التطور في فترة معقولة من الزمن (السرور، 2003، ص177).

ويعرف الباحث تنفيذ المنهج الإثرائي إجرائيا بأنه الخطوات والإجراءات المرتبة والمخططة التي تترجم خطة البرنامج المكتوبة والمحصورة في الخطوات والإجراءات التي تم تضمينها في أداة الدراسة الحالية.

6. **تقويم المنهج:** تقويم المنهج يهدف إلى تشخيص وعلاج جميع جوانب وعناصر المنهج بداية من خطة المنهج بما تشمله من أهداف، ومحتوى، وطرق تدريس مقترحة ووسائل تعليمية معينة وأنشطة مصاحبة، ووسائل تقويم مقترحة، ومرورا بمرحلة تنفيذ المنهج وانتهاء بنواتج التعلم التي يحققها المتعلم الذي تعلم وفقا لهذا المنهج (سيد وسالم، 2003، ص52) ويعرف السويدي والخليلي (1997) التقويم بأنه "عملية منظمة يتم فيها جمع المعلومات والبيانات سواء كانت كمية أم نوعية حول ظاهرة معينة أو خاصية ما وإصدار الأحكام بموجبها" (ص283).

ويعرف الباحث تقويم المنهج الإثرائي إجرائيا بأنه الخطوات والإجراءات التي يتبعها معلم الموهوبين لتقويم البرنامج الإثرائي بداية من خطة البرنامج مرورا بمرحلة التنفيذ ونتائجها وتم تحديد هذه الخطوات والإجراءات في أداة الدراسة الحالية.

7. **المنهج الإثرائي:** عرف الضبع (2006) المنهج الإثرائي بأنه "المنهج المصاحب للمنهج الرسمي للدولة، وهو منهج يعتمد في مرتكزاته وتحقيق أهدافه على إثراء التعلم بناء على ما اكتسبه المتعلم في المنهج الأساسي، ويتكون من معلومات وأنشطة إضافية، وممارسات، ومهارات تعضد عمليات التعلم التي تمت في المنهج الأساسي" (ص 59).

ويقصد الباحث بالمنهج الإثرائي المنهج الذي يخططه وينفذه ويقومه معلم الموهوبين في برنامج الموهوبين المدرسي وفق منهجية النموذج الإثرائي الفاعل لتوفير خبرات تربوية تتسم بالتنوع و العمق العلمي و الفكري و التي غالباً لا تتوفر في المنهج المدرسي العادي.

8. **برنامج الموهوبين المدرسي:** برنامج تربوي ملحق بمدارس التعليم العام يقدم خدماته للطلاب الموهوبين، ويتخذ من الإثراء استراتيجية تربوية لتقديم منهج إثرائي يتم تجميع الطلاب له عن طريق العزل الجزئي بعد تطبيق استراتيجية ضغط المنهج لتوفير حصص يقدم خلالها برنامج إثرائي يخططه معلم الموهوبين، وينفذه ويقومه لتلبية احتياجات الطالب الموهوب.

الدراسات السابقة:

من خلال الدراسات السابقة التي تمكن الباحث من الاطلاع عليها والتي تطرقت لموضوعات الدارسة، يمكن تصنيفها إلى محورين وفق علاقتها ببرنامج الموهوبين المدرسي مع بيان علاقتها وإفادتها للدارسة الحالية وهي على النحو التالي:

أولاً: دراسات محورها المنهج الإثرائي في برنامج الموهوبين المدرسي.

هناك أربع دراسات محلية كان محورها المنهج الإثرائي في برنامج الموهوبين المدرسي، وهي:

الدراسة الأولى: دراسة الشرفي 2003م والتي هدفت إلى التعرف على معوقات رعاية الموهوبين في المدارس الابتدائية المنفذة لبرنامج رعاية الموهوبين في مدينة الطائف وعلاقتها بالدراسة الحالية في التعرف على معوقات رعاية الموهوبين في مدارس التعليم العام وأفادت الدراسة الحالية بأن برامج الموهوبين في مدارس التعليم العام تواجه معوقات مرتبطة بالبيئة المدرسية، والمناهج، والتخصص ومعوقات مرتبطة بالنواحي الإدارية والمالية ومعوقات مرتبطة بالأسرة والمعلم والطالب. وللتغلب على ذلك يجب إعادة صياغة البيئة المدرسية والمناهج بحيث تأخذ بعين الاعتبار خصائص الموهوبين.

الدراسة الثانية: دراسة العنزي 2005م وهدفت إلى التعرف على مدى فاعلية برنامج رعاية الموهوبين بمدارس التعليم العام في المملكة العربية السعودية وعلاقتها بالدراسة الحالية في التعرف على فاعلية برنامج الموهوبين المدرسي في مدارس التعليم العام. وأفادت الدراسة الحالية بأن برنامج الموهوبين المدرسي فاعل في جميع الأبعاد التي خضعت للدراسة بعد الأهداف الخاصة بالبرنامج وبعد أسلوب التنفيذ وطريقة التقويم والبدائل التربوية، لذلك ينبغي التوسع في نطاق تطبيق البرنامج في كافة أنحاء المملكة العربية السعودية.

الدراسة الثالثة: دراسة روعة صالح 2006م وهدفت إلى معرفة فاعلية برنامج إثرائي في الاقتصاد المنزلي لتنمية التفكير الابتكاري للموهوبات مصمم وفق النموذج الإثرائي الفاعل بالمدينة المنورة. وعلاقتها بالدراسة الحالية في التعرف على فاعلية برنامج إثرائي في الاقتصاد المنزلي لتنمية التفكير الابتكاري للموهوبات مصمم وفق النموذج الإثرائي الفاعل وأفادت الدراسة الحالية بأن البرنامج الإثرائي المصمم وفق منهجية النموذج الإثرائي الفاعل كان فاعلا في تنمية مهارات التفكير الإبداعي الطلاقة والمرونة والأصالة والتفاصيل.

الدراسة الرابعة: دراسة البلوي2007م وهدفت إلى معرفة مدى امتلاك معلمي الموهوبين في المملكة العربية السعودية للكفايات التعليمية وعلاقتها بالدراسة الحالية في معرفة مدى امتلاك معلمي الموهوبين في المملكة العربية السعودية للكفايات التعليمية؛ وأفادت الدراسة الحالية بأن معلمي الموهوبين يمتلكون الكفايات التعليمية بشكل مرتفع بسبب توفر المهارات والقدرات الخاصة برعاية الموهوبين وأنهم على وعي بفئة الموهوبين وقدرة على إعداد البرامج وتوفير المنهج الجيد لهم، مع توفر الإمكانات المادية والبشرية لبرنامج الموهوبين المدرسي.

ويلاحظ على الدراسات السابقة ما يلي:

\اختلفت عينات الدراسة حيث تراوحت بين مشرفين تربويين، ومعلمي موهوبين، وطلاب موهوبين وأولياء أمورهم.

- اختلفت أدوات الدراسات بين استبيانات ومقاييس.
- اتبعت دراسة الشرفي والعنزي والبلوي المنهج الوصفي لتحديد معوقات رعاية الموهوبين في مدارس التعليم العام، وتحقق من فاعلية برنامج الموهوبين المدرسي في مدارس التعليم العام، وتحديد مدى امتلاك معلمي الموهوبين في المملكة العربية السعودية للكفايات التعليمية على التوالي. بينما دراسة روعة صالح نهجت المنهج شبه التجريبي لتحديد مدى فاعلية برنامج إثرائي في الاقتصاد المنزلي لتنمية التفكير الابتكاري للموهوبات مصمم وفق النموذج الإثرائي الفاعل.
- تشابهت الدراسات السابقة مع الدراسة الحالية في كونها جميعها طبقت على برنامج الموهوبين المدرسي.
- تفيد الدراسات السابقة الدراسة الحالية، في تفسير النتائج.

- يلاحظ أنه لا توجد أية دراسة على حد علم الباحث، تطرقت إلى أدوار معلمي الموهوبين المرتبطة بتخطيط وتنفيذ وتقويم المنهج الإثرائي في برنامج الموهوبين المدرسي.

ثانياً: دراسات محورها المنهج الإثرائي في برامج أخرى للموهوبين.

هناك ست عشرة دراسة عربية وأجنبية تعرضت للمناهج وبرامج الموهوبين، وهي:

الدراسة الأولى: دراسة الشخص1990م وهدفت إلى التعرف على واقع اكتشاف ورعاية الموهوبين في التعليم العام في دول الخليج العربي، وعلاقتها بالدراسة الحالية تكمن في الكشف عن الموهوبين وأساليب رعايتهم في مدراس التعليم العام في دول الخليج العربي وأفادت الدراسة الحالية في التعرف على واقع تربية وتعليم الموهوبين في دول الخليج العربي خلال الفترة التي سبقت الدراسة، وأن عينة الدراسة أجمعت على تفضيل أسلوب الإثراء على أسلوب الإسراع.

الدراسة الثانية: دراسة هارمون 1992م (عن عامر، 2007) وهدفت إلى التعرف على المحددات الأساسية في منهجية البرامج التعليمة للطلاب الموهوبين وعلاقتها بالدراسة الحالية تكمن في إعداد مناهج الموهوبين في المدارس الخاصة والمدارس العامة وفصول الموهوبين الملحقة بالمدارس العامة وأفادت الدراسة الحالية بأن التكامل والشمولية في مناهج الموهوبين يعد الأفضل عندما يشتمل على أكثر من أسلوب من أساليب تربية الموهوبين المتمثلة في أسلوب الإسراع وأسلوب الإثراء والتعدد في طرق تجميع الطلاب الموهوبين.

الدراسة الثالثة: دراسة فووست 1992م (عن عامر، 2007) وهدفت إلى تحديد مستوى الخدمات التي تقدمها برامج الموهوبين لطلاب الصفين السابع والثامن في جنوب غرب ولاية أنديانا الأمريكية، وعلاقتها بالدراسة الحالية تكمن في تقويم برامج الموهوبين وتخطيط برامج الموهوبين وكذلك تحديد الصعوبات التي تعيق

برامج الموهوبين في المدارس العامة، وأفادت الدراسة الحالية بأن برامج الموهوبين تواجه مع اختلاف بيئاتها معيقات من أهمها قصور في آليات التعرف على الموهوبين، وعدم وضوح فلسفة البرامج للمستهدفين منها وأولياء أمورهم وأيضاً مع قصور برامج الموهوبين في خدمات التوجيه والإرشاد. وكذلك قصورها في تحديد الطلاب الموهوبين ذوي الصعوبات.

الدراسة الرابعة: دراسة باركان 1992م (عن عامر، 2007) وهدفت إلى تقويم الخدمات التجوالية المتنقلة للطلاب الموهوبين في مدارس الضواحي. وعلاقتها بالدراسة الحالية تكمن في تقويم الخدمات التربوية والتعليمية التي تقدم للطلاب الموهوبين عن طريق خدمات المعلم المتجول في الضواحي وأفادت الدراسة الحالية بأن خدمات المعلم المتجول تفي بمتطلبات المدارس التي تعاني من قلة أعداد الطلاب الموهوبين وتحسن من العملية التعليمية في المدرسة بصورة شاملة.

الدراسة الخامسة: دراسة انرسون 1993م (عن عامر، 2007) وهدفت إلى تحديد تفاعل أولياء أمور الطلاب الموهوبين مع البرامج المقدمة لأبنائهم. وعلاقتها بالدراسة الحالية تكمن في خدمات التوعية والمساندة للبرامج الموهوبين وأثرها على تحقيق أهداف البرامج وكذلك في تقويم برامج التوعية الخاصة بأولياء أمور الطلاب الموهوبين، وأفادت الدراسة الحالية بأن توعية وتدريبي أولياء أمور الطلاب الموهوبين بخصائص الموهوبين وآليات إرشادهم وأهمية البرامج التربوية والتعليمية الخاصة يسهم في تحقيق أهداف برامج الموهوبين.

الدراسة السادسة: دراسة السيف 1998م وهدفت إلى التعرف على الدور الواقعي والمأمول للإدارة المدرسية في الكشف عن الطلاب الموهوبين ورعايتهم في مدينة الرياض، وعلاقتها بالدراسة الحالية تكمن في تقييم دور الإدارة المدرسية في الكشف عن الموهوبين ورعايتهم في المدارس الابتدائية، وأفادت الدراسة الحالية بعدم امتلاك مديري المدارس لمهارات تسهم في تصميم برامج الموهوبين.

الدراسة السابعة: دراسة عامر1999م وهدفت إلى تحديد المتطلبات التربوية للمتفوقين في الحلقة الثانية من التعليم الأساسي. وعلاقتها بالدراسة الحالية تكمن في تحديد المتطلبات التربوية للمتفوقين في التعليم الأساسي وبناء تصور مقترح لتربيتهم وتعليمهم وتصميم وبناء المناهج للموهوبين، وأفادت الدراسة الحالية في التأكيد على أهمية إيجاد مناهج خاصة للموهوبين لا سيما توفر معلمي موهوبين يمتلكون الكفايات اللازمة لمعلم الموهوبين.

الدراسة الثامنة: دراسة اندرو و جونسون1999م وهدفت إلى معرفة الطريقة المستخدمة لإعداد برنامج نموذجي لتربية الموهوبين في المدرسة الابتدائية. وعلاقتها بالدراسة الحالية تكمن في تخطيط برامج تربية الموهوبين في المدرسة الابتدائية، وأفادت الدراسة الحالية بتحديد خطوات تخطيط برنامج للموهوبين في المرحلة الابتدائية.

الدراسة التاسعة: دراسة آل شارع واخرون 2000م وهدفت إلى إعداد برنامج للكشف عن الموهوبين ورعايتهم في ضوء حاجة المجتمع وأهداف السياسة التعليمية في المملكة العربية السعودية. وعلاقتها بالدراسة الحالية تكمن في الكشف والتعرف على الموهوبين في المملكة العربية السعودية وأفادت الدراسة الحالية في التأكيد على استخدام الاختبارات والمقاييس المستخدمة في الدراسة نظراً لتبني التعريف الذي حددته للموهوبين من قبل الإدارة العامة للموهوبين.

الدراسة العاشرة: دراسة أمنة بنجر 2002م وهدفت إلى مدى رعاية التلميذات الموهوبات في مرحلة الابتدائي من خلال الأنشطة اللاصفية. علاقتها بالدراسة الحالية تكمن في استخدام أسلوب الإثراء في رعاية الطلاب الموهوبين والصعوبات التي تعوق تنفيذ الأنشطة الإثرائية للموهوبين، وأفادت الدراسة الحالية بأن هناك قصورا في الأبنية المدرسية وتجهيزاتها والكوادر العاملة فيها في تلبية احتياجات الموهوبين عن طريق الإثراء.

الدراسة الحادية عشرة: دراسة الخالدي 2002م وهدفت إلى تقويم برامج مراكز الموهوبين في المملكة العربية السعودية من وجهة نظر المشرفين والمعلمين والمختصين. وعلاقتها بالدراسة الحالية تكمن في تقويم برامج مراكز الموهوبين في المملكة العربية السعودية وآلية الإجراءات المستخدمة في تنفيذ برامج الإثراء فيها وأفادت الدراسة الحالية بأن هناك قصورا في تطبيق إجراءات البرنامج الإثرائي، ومن أهم هذه الخطوات عملية التقويم.

الدراسة الثانية عشرة: دراسة بدر 2002م (عن عامر، 2007) وهدفت إلى بناء برنامج إرشادي لتحسين مستوى الذكاء الانفعالي لدى الطلاب الموهوبين منخفضي التحصيل الدراسي. وعلاقتها بالدراسة الحالية تكمن في تخطيط برنامج الإرشاد لتلبية احتياجات الموهوبين، وأفادت الدراسة الحالية في مراعاة فئات الموهوبين المتعددة عند تخطيط البرامج الخاصة بالموهوبين.

الدراسة الثالثة عشرة: دراسة عيسى وآخرون 2002م (عن عامر، 2007) وهدفت إلى التعرف على الواقع الحالي في عملية اكتشاف ورعاية الموهوبين رياضيا في المرحلة الابتدائية بمصر. وعلاقتها بالدراسة الحالية التعرف على عملية اكتشاف ورعاية الطلاب الموهوبين رياضيا وأفادت الدراسة الحالية بأن هناك قصورا في الرعاية الصحية والاجتماعية للطلاب الموهوبين، وعليه لا بد من مراعاة كافة جوانب التربية في برامج الموهوبين وعدم التركيز على الجوانب العقلية والمعرفية فقط.

الدراسة الرابعة عشرة: دراسة كاشف 2002م (عن عامر، 2007) وهدفت إلى الوقوف على واقع اكتشاف رعاية الموهوب ثقافيا من خلال ممارسته للأنشطة التربوية للتعرف عليه، واكتشاف ورعاية الموهوبين ثقافيا لقصور الأنشطة الثقافية في إبراز الموهوبين وإفادتهم نظرا للمعوقات التي تواجه ممارستها فعليا.

الدراسة الخامسة عشرة: دراسة أحلام عبدالغفار2003م وهدفت إلى التعرف على واقع الرعاية التربوية للمتفوقين دراسيا في التعليم الثانوي العام بمصر. وعلاقتها بالدراسة الحالية تكمن في تقويم مدارس الموهوبين في التعليم الثانوي وتحديد المتطلبات التربوية لهم، وأفادت الدراسة الحالية في التأكيد على تعريف الطلاب بالمناهج والبرامج الخاصة بهم والأنظمة المتبعة فيها، وكذلك أفادت أن أسلوب الإسراع يمثل أسلوب مفضل على أسلوب الإثراء في المدارس الخاصة بهم.

الدراسة السادسة عشرة: دراسة آل كاسي 2004م وهدفت إلى التعرف على الواقع الحالي لرعاية الموهوبين من وجهة نظر المشرفين في مراكز الموهوبين في المملكة العربية السعودية. وعلاقتها بالدراسة الحالية تكمن في التعرف على مدى تحقيق أهداف برنامج الموهوبين، وأفادت الدراسة الحالية بأن محتويات برامج الموهوبين الحالية ملائمة لاحتياجات الموهوبين إلى حد ما، وأن طرق العصف الذهني والمناقشة وحل المشكلات والقبعات الست والتعليم المبرمج والمشروعات والتعليم التعاوني والتفكير الناقد من أكثر طرق التدريس استخداما في برامج الموهوبين. وأن ملاحظات المعلمين وأولياء أمور الطلاب الموهوبين من أكثر الطرق استخداما للتقويم في برامج الموهوبين.

ويلاحظ على الدراسات السابقة ما يلي:

- تنوعت الدراسات المحلية بين دراسات تمت على برامج الموهوبين في مراكز الموهوبين، وركزت على تقويم المنهج الإثرائي مثل دراسة الخالدي، ودراسة آل كاسي. وبين دراسات تمت لتحديد مدى تلبية المدرسة الابتدائية لاحتياجات الموهوبين مثل دراسة السيف، ودراسة آمنه بنجر.
- تنوعت الدراسات العربية التي تطرقت لمناهج الموهوبين، فدراسة أحلام عبدالغفار لتحديد المتطلبات التربوية للموهوبين في مدارس الموهوبين، ودراسة عامر لتحديد المتطلبات التربوية للموهوبين في التعليم الأساسي، ودراسة

الكاشف، ودراسة عيسى وآخرون على مدى تلبية الأنشطة الإثرائية في الجانب الثقافي والرياضي لاحتياجات الموهوبين في التعليم الأساسي.

- أكدت الدراسات الأجنبية؛ دراسة هارمون، ودراسة باركان على أهمية شمول برامج الموهوبين على استراتيجيات تربية وتعليم الموهوبين بين الإثراء والإسراع والإرشاد والتعدد في أساليب التجميع وخدمات المعلم الجوال.

إجراءات الدراسة:

أولاً: منهج الدراسة:

بعد أن قام الباحث بتحديد مشكلة الدراسة، والاطلاع على أدبيات تربية وتعليم الموهوبين والدراسات السابقة، ومراجعة العديد من المناهج البحثية، توصل إلى أن المنهج الملائم للدراسة الحالية هو المنهج الوصفي لأنه يمد الباحث ببيانات ومعلومات تُسهم بشكل كبير في وصف ما هو كائن أثناء الدراسة ويتضمن تفسيراً لهذه البيانات مما يساعد على فهم الظاهرة والذي أشار عبيدات وآخرون (2004) أنه " يعتمد على دراسة الظاهرة كما توجد في الواقع ويهتم بوصفها وصفاً دقيقاً، ويعبر عنها تعبيراً كيفياً أو كمياً، فالتعبير الكيفي يصف لنا الظاهرة ويبين خصائصها، بينما التعبير الكمي يعطينا وصفاً رقمياً لمقدار الظاهرة، أو حجمها " (ص191). وذكر ملحم (2005) أن هذا المنهج يعتبر أحد أشكال التحليل والتفسير العلمي المنظم لوصف الظاهرة (ص370). لذلك يستطيع الباحث من خلاله إجراء دراسة لمعرفة أدوار وصعوبات معلمي الموهوبين المرتبطة بتخطيط وتنفيذ وتقويم المنهج الإثرائي في برنامج الموهوبين المدرسي المنفذ في مدارس التعليم العام.

ثانياً: مجتمع الدراسة:

يقصد بمجتمع الدراسة، كما يذكر القحطاني وآخرون (2004) بأنه " مجموعة الوحدات التي تم اختيار العينة منها بالفعل " (ص268).

وتكون مجتمع الدراسة من جميع معلمي الموهوبين العاملين في برنامج الموهوبين المدرسي بمدارس التعليم العام في المملكة العربية السعودية والذين بلغ عددهم (204) معلما للعام الدراسي 1429/1428هـ وقد قام الباحث بتوزيع أداة الدراسة عليهم عن طريق الإدارة العامة للموهوبين وبلغ عدد ما تم استرجاعه من الاستبانات (80) استبانه، وبلغت النسبة المئوية للعائد من أدوات الدراسة (80÷204×100=39.2%) من إجمالي ما تم توزيعه من الاستبانات، وبعد استبعاد غير الصالح منها (غير المكتمل) وما لم يُسترجع منها بلغ مجموع الاستبانات المستكملة التي أدخلت في عملية التحليل الإحصائي (66) استبانه. وفيما يلي وصف لمجتمع الدراسة من خلال الاستبانات المكتملة، تبعا لمتغير مجال التخصص الأكاديمي للمعلم.

جدول رقم (1)

توزيع مجتمع الدراسة تبعا لمتغير

مجال التخصص الأكاديمي للمعلم

%	العدد	مجال التخصص الأكاديمي للمعلم
42.4	28	علوم طبيعية
57.6	38	علوم نظرية
100	66	الكلي

يتضح أن نسبة مجتمع الدراسة ذي مجال التخصص الأكاديمي للمعلم (علوم طبيعية) (42.4%) من أفراد مجتمع الدراسة، نسبة مجتمع الدراسة ذي مجال التخصص الأكاديمي للمعلم (علوم نظرية) (57.6%).

ثالثاً: أداة الدراسة:

تهدف الدراسة الحالية لمعرفة أدوار وصعوبات معلمي الموهوبين المرتبطة بتخطيط وتنفيذ وتقويم المنهج الإثرائي في برنامج الموهوبين المدرسي المنفذ في مدارس التعليم العام. لذا تم استخدام الإستبانة كأداة لهذه الدراسة، وهي أكثر أدوات البحث العلمي استخداماً، وتعتبر من أفضل وسائل جمع المعلومات عن مجتمع الدراسة، وكذلك ملاءمتها لطبيعة هذه الدراسة من حيث الجهد والإمكانات وانتشار أفراد مجتمع الدراسة في أماكن متباعدة ومختلفة.

ويذكر القحطاني وآخرون (2004) أن الاستبانة "وسيلة لجمع البيانات من مجموعة من الأفراد عن طريق إجابتهم عن مجموعة من الأسئلة المكتوبة حول موضوع معين دون مساعدة الباحث لهم، أو حضوره أثناء إجابتهم عنها" وأنها "تستخدم عادة عند قياس الآراء والاتجاهات، كما تستخدم لجمع حقائق ومعلومات عن موضوع معين" (ص288).

خطوات تصميم وبناء أداة الدراسة:

اتبع الباحث الخطوات التالية لتصميم وبناء أداة الدراسة المتمثلة في الاستبانة:

1. **تحديد مصادر بناء الاستبيان:** اعتمد الباحث في بناء الاستبانة على ما يلي:

- المراجع الرسمية في إدارة الدراسات والتطوير بالإدارة العامة للموهوبين وإدارات/ أقسام الموهوبين في إدارات التربية والتعليم.

- الاطلاع على العديد من الدوريات والمجلات التربوية والبحوث والدراسات السابقة ذات الصلة بمشكلة الدراسة الحالية.

- التواصل مع مجموعة من ذوي الاختصاص في هذا المجال للاستفادة من خبراتهم ومجموعة من الممارسين في الميدان التربوي.

2. **تحديد أهداف الاستبيان:** تم تصميم استبانه تهدف إلى معرفة ما يلي:

- أدوار معلمي الموهوبين لإعداد المنهج الإثرائي.
- أدوار معلمي الموهوبين أثناء تنفيذ المنهج الإثرائي.
- أدوار معلمي الموهوبين بعد تنفيذ المنهج الإثرائي.
- الصعوبات المعيقة لمعلمي الموهوبين من أداء أدوارهم المرتبطة بالمنهج الإثرائي.
- الكشف عن الاختلافات بين متوسطات استجابات أفراد مجتمع الدراسة تبعا لمتغيرات الدراسة.

3. **بناء الإستبانة:**

- قام الباحث وبناء على مشكلة الدراسة وأهدافها وتساؤلاتها وفي ضوء الإطار النظري والدراسات السابقة، والخطوات السابق ذكرها بصياغة الاستبانة في صورتها الأولية وتم عرضها على سعادة المشرف على الدراسة وذلك لإبداء رأيه وملاحظاته، ثم كان من توجيهات سعادته عرضها على مجموعه من المحكمين من ذوى الاختصاص والخبرة وذلك لتحكيمها.
- تم عرض الأداة على (26) محكماً. وقد تصدر الاستبانة خطاب موجه إلى المحكمين يوضح مشكله وأهداف الدراسة وتساؤلاتها وطلب من المحكمين إبداء آرائهم وملاحظاتهم حول فقرات الاستبانة وذلك من حيث مدى ارتباط كل فقرة من فقراتها بالمحور الذي تنتمي إليه، ومدى وضوح كل فقرة وسلامة صياغتها اللغوية وملاءمتها لتحقيق الهدف الذي وضعت من أجله، واقتراح طرق تحسينها وذلك بالحذف أو الإضافة أو إعادة الصياغة أو غير ما ورد مما يرونه مناسباً، وبعد استعادة النسخ المحكمة تم تعديل بعض فقرات الاستبانة في ضوء آراء المحكمين وملاحظاتهم وحذف أو إضافة بعض الفقرات أو إعادة ترتيب بعضها.
- الاستبانة في صورتها النهائية: احتوت الاستبانة على ثلاثة أجزاء أساسية وهي:

الجزء الأول: متغيرات الدراسة: ويضمن مجال التخصص الأكاديمي لمعلمي الموهوبين ويضم مستويان، علوم طبيعية وعلوم نظرية.

الجزء الثاني: أدوار معلمي الموهوبين المرتبطة بتخطيط وتنفيذ وتقويم المنهج الإثرائي في برنامج الموهوبين المدرسي و يشمل ثلاث محاور كالتالي:

المحور الأول: أدوار معلمي الموهوبين لإعداد المنهج الإثرائي وتكون من (39) عبارة وتأخذ الأرقام من 1 – 39 في الاستبيان.

المحور الثاني: أدوار معلمي الموهوبين أثناء تنفيذ المنهج الإثرائي وتكون من(49) عبارة وتأخذ الأرقام من 1 – 49 في الاستبيان.

المحور الثالث: أدوار معلمي الموهوبين أثناء تنفيذ المنهج الإثرائي وتكون من (7) عبارات وتأخذ الأرقام من 1 – 7 في الاستبيان.

استخدم الباحث المقياس الخماسي المتدرج حسب مقياس ليكرت في الجانب الأيسر أمام كل عبارة كما في الشكل التالي:

م	العبارة	كثيرا	أحيانا	نادرا	غير ممارسة	غير ممكنة
1	أطبق شروط اختيار موضوع البرنامج الإثرائي					

وفقا لمقياس ليكرت الخماسي تم تحديد درجة الاستجابة بحيث يعطى الدرجة (5) للاستجابة كثيرا والدرجة (4) للاستجابة أحيانا والدرجة (3) للاستجابة نادرا والدرجة (2) للاستجابة غير ممارسة و الدرجة (1) للاستجابة غير ممكنة. وعلى ذلك تم استخدام المعيار التالي للحكم على درجة الاستجابة:

المدى = (أكبر قيمة – أقل قيمة) ÷ عدد فئات الاستجابة.

المدى = (5 – 1) ÷ 5 = 0.8 ولذلك:

- إذا كانت قيمة المتوسط الحسابي من (1) إلى (1.8) درجة تكون درجة الاستجابة (غير ممكنة).
- إذا كان قيمة المتوسط الحسابي من (1.81) إلى (2.60) درجة تكون درجة الاستجابة (غير ممارسة).
- إذا كانت قيمة المتوسط الحسابي من (2.61) إلى (3.40) درجة تكون درجة الاستجابة (نادرا).
- إذا كانت قيمة المتوسط الحسابي من (3.41) إلى (4.20)درجة تكون درجة الاستجابة (أحيانا).
- إذا كانت قيمة المتوسط الحسابي من (4.21) إلى (5)درجة تكون درجة الاستجابة (كثيرا).

الجزء الثالث: الصعوبات المعيقة لمعلمي الموهوبين من أداء أدوارهم المرتبطة بتخطيط وتنفيذ وتقويم المنهج الإثرائي في برنامج الموهوبين المدرسي، وتكون من (44) عبارة وتأخذ الأرقام من 1 – 44 في الاستبيان.

استخدم الباحث المقياس الثلاثي المتدرج حسب مقياس ليكرت في الجانب الأيسر أمام كل عبارة كما في الشكل التالي:

م	العبـــارة	أوافق بشدة	أوافق	لا أوافق
1	أجد لدي ضعفا في فهم الإطار النظري للمنهج الإثرائي			

وفقا لمقياس ليكرت الثلاثي تم تحديد درجة الاستجابة بحيث يعطى الدرجة (3) للاستجابة أوافق بشدة والدرجة (2) للاستجابة أوافق و الدرجة (1)

للاستجابة لا أوافق. مع مراعاة عكس درجات الاستجابة في حالة العبارات السالبة وهي ذات الأرقام (5، 8، 9، 13، 19، 20، 27، 36، 43) وعلى ذلك تم استخدام المعيار التالي للحكم على درجة الاستجابة:

المدى = (أكبر قيمة – أقل قيمة) ÷ عدد فئات الاستجابة.

المدى = (3 – 1) ÷ 3 = 0.667 ولذلك:

- إذا كانت قيمة المتوسط الحسابي من (1) إلى (1.67) درجة تكون درجة الاستجابة (لا أوافق).

- إذا كانت قيمة المتوسط الحسابي من (1.68) إلى (2.34) درجة تكون درجة الاستجابة (أوافق).

- إذا كانت قيمة المتوسط الحسابي من (2.35) إلى (3) درجة تكون درجة الاستجابة (أوافق بشدة)

صدق الأداة:

ذكر القحطاني وآخرون (2004) أن اختبار صدق الاستبانة يتم بعرضها على مجموعة من المتخصصين في مجال البحث للحكم على مدى صدقها مع تزويدهم بمشكلة الدراسة وأهدافها وأسئلتها حتى يتمكنوا من تقييم الإستبانة، و تكون الأداة صادقة إذا كان بمقدورها أن تقيس فعلاً ما وضعت لقياسه (ص302).

بعد الانتهاء من إعداد الاستبانة وبناء فقراتها، قام الباحث بعرضها على سعادة المشرف على الرسالة والذي أوصى بإجراء بعض التعديلات على فقرات الاستبانة، ثم قام بعد ذلك بعرضها في صورتها الأولية على مجموعة من المحكمين من ذوي الاختصاص والخبرة، وتم توجيه خطاب للمحكمين موضح به مشكلة وأهداف الدراسة وتساؤلاتها، و بلغ عدد المحكمين (26)، ملحق رقم (1) وذلك للتأكد من درجة مناسبة الفقرة، ووضوحها، وانتمائها للمحور، وسلامة الصياغة اللغوية، وكذلك النظر في تدرج المقياس ومدى ملاءمته.

صدق المحكمين: بناءً على آراء المحكمين حول مدى مناسبة الاستبانة لأهداف الدراسة، ووفقاً توجيهاتهم ومقترحاتهم تم تعديل صياغة بعض العبارات لغوياً، وإضافة بعض العبارات، وحذف بعضها ليصبح كالتالي:

جدول رقم (2)

يوضح بنود الاستبانة قبل وبعد التحكيم

بعد التحكيم	قبل التحكيم	البـند
متغير ومستويان	متغير ومستويان	الجزء الأول: معلومات حول متغيرات الدراسة
95	101	الجزء الثاني: أدوار معلمي الموهوبين المرتبطة بالمنهج الإثرائي
39	40	المحور الأول: أدوار معلمي الموهوبين لتخطيط المنهج الإثرائي.
49	54	المحور الثاني: أدوار معلمي الموهوبين أثناء تنفيذ المنهج الإثرائي
7	7	المحور الثالث: أدوار معلمي الموهوبين بعد تنفيذ المنهج الإثرائي
44	44	الجـزء الثالث: الصعوبات المعيقة لمعلمـي الموهـوبين مـن أداء أدوارهـم المرتبطة بالمنهج الإثرائي .

ثبات الأداة:

ثبات الأداة كما ذكر آري وآخرون Ary et al (2004) هو" المدى الذي تظل فيه أداة القياس ثابتـة في قياس ما تقيسه" (ص284). و يتم إجراء بعض الاختبـارات الإحصائيـة للتأكـد مـن ثبـات الأداة كمـا وضح القحطاني وآخرون (2004، ص302)، ولكي يـتم التأكـد مـن ثبـات الاستبانة قام الباحـث باستخدام حساب الثبات بطريقة ألفا كرونباخ. ومن جدول رقم (6) كانت جميع قيم ألفا كررونباخ لجميع المحاور مرتفعة وتراوحت من 0.89 إلى 0.92. وهذه القيم مرتفعة وتشير

إلى أن أداة الدراسة تتمتع بدرجة عالية من الثبات وبالتالي يمكن الاعتماد على النتائج والوثوق بها.

جدول رقم (3)

حساب الثبات بطريقة ألفا كرونباخ

الجزء	المحور	قيمة ألفا كرونباخ
الثاني	المحور الأول	0.91
	المحور الثاني	0.89
	المحور الثالث	0.92
الثالث		0.91

رابعاً: متغيرات الدراسة:

أولاً: المتغيرات المستقلة: التخصص الأكاديمي وله مستويان (علوم طبيعية، علوم نظرية).

ثانياً: المتغيرات التابعة: أدوار معلمي الموهوبين المرتبطة بالمنهج الإثرائي والمتمثلة في الأدوار التالية (قبل تنفيذ المنهج، وأثناء تنفيذ المنهج، وبعد تنفيذ المنهج)، وكذلك الصعوبات المعيقة لمعلمي الموهوبين من أداء أدوارهم المرتبطة بتخطيط وتنفيذ وتقويم المنهج الإثرائي.

خامساً: إجراءات تطبيق الدراسة:

1. إعداد أداة الدراسة، ثم تحديد مجتمع الدراسة وتحديد العينة التي تجرى عليها الدراسة.
2. الحصول على خطاب من عمادة كلية التربية لتطبيق الأداه.
3. التنسيق مع إدارة الدراسات والتطوير بالإدارة العامة للموهوبين وإدارات/أقسام الموهوبين في إدارات التربية والتعليم لتطبيق أداة الدراسة.
4. تفريغ البيانات وتحليلها باستخدام الحاسب الآلي برنامج SPSS.

سادساً: الأساليب الإحصائية:

للإجابة عن تساؤلات الدراسة تم استخدام الأساليب الإحصائية الآتية:

1. التكرارات والنسب المئوية لوصف مجتمع الدراسة بالنسبة لمتغيرات الدراسة.

2. المتوسط الحسابي وذلك لحساب القيمة التي يعطيها أفراد مجتمع الدراسة لكل عبارة أو مجموعة من العبارات (المحاور)، والمتوسط الحسابي العام لكل محور، وذلك للإجابة على التساؤلات من الأول إلى الثالث.

3. اختبار (ت) للمقارنة بين متوسطات استجابات مجتمع الدراسة وذلك للإجابة على التساؤل الثاني في حالة وجود متغيرات مستقلة ذات مجموعتين كما في حالة مجال التخصص الأكاديمي وله مستويان (علوم طبيعية، علوم نظرية) .

4. معامل ألفا كرونباخ للثبات.

سابعاً: نتائج الدراسة وتفسيراتها:

نتائج إجابة السؤال الأول: ما الأدوار التي يؤديها معلمو الموهوبين عند تخطيط وتنفيذ وتقويم المنهج الإثرائي في برنامج الموهوبين المدرسي بمدارس التعليم العام؟

وقد تم توزيع أدوار معلمي الموهوبين المرتبطة بالمنهج الإثرائي التي تؤدى فعليا في برنامج الموهوبين المدرسي الملحق بمدارس التعليم العام على ثلاثة محاور، سيتم مناقشه كل محور بشكل مستقل على النحو التالي:

المحور الأول: أدوار معلمي الموهوبين لتخطيط المنهج الإثرائي.

للإجابة على ذلك تم استخدام المتوسطات الحسابية، والانحرافات المعيارية، والترتيب النسبي للعبارات التي تقيس أدوار معلمي الموهوبين المرتبطة بالمنهج الإثرائي التي تؤدى فعليا عند تخطيط المنهج الإثرائي في برنامج الموهوبين

المدرسي بمدارس التعليم العام، وكذلك حساب المتوسط الحسابي العام لهذه العبارات، كالتالي:

جدول رقم (4)

المتوسطات الحسابية والانحرافات المعيارية

لاستجابات مجتمع الدراسة حول أدوار معلمي الموهوبين

لتخطيط المنهج الإثرائي

الاستجابة	الانحراف المعياري	المتوسط الحسابي	العبـــــــارة	رقم العبارة	الترتيب
كثيرا	0.40	4.80	أستفيد من الشجرة المعرفية في تخطيط البرنامج الإثرائي.	13	1
كثيرا	0.54	4.67	أطلع على مصادر متعددة ومتنوعة وحديثة قبل إعداد الشجرة المعرفية.	7	2
كثيرا	0.55	4.67	أحدد الأسئلة الرئيسة للبرنامج الإثرائي بعد إدراكي للموضوعات التي سيتم تعلمها من خلال البرنامج الإثرائي.	24	3
كثيرا	0.57	4.67	أكتب الأسئلة الرئيسة في ضوء المهارات المحددة لمستوى النموذج الإثرائي الفاعل.	26	4
كثيرا	0.54	4.61	أحرص عند اختيار المحتوى العلمي للبرنامج الإثرائي على توافر عنصري التشعب والتداخل الملائمين لقدرات الطلاب الموهوبين.	22	5
كثيرا	0.55	4.61	أخرج بعدد كبير ومتنوع من الأسئلة الرئيسة للبرنامج عند كتابتها لأختار الأنسب وفق معايير محددة.	25	6
كثيرا	0.54	4.58	أشعب موضوعات المحتوى المعرفي في المجالات العلمية المختلفة.	12	7

الاستجابة	الانحراف المعياري	المتوسط الحسابي	العبــــــارة	رقم العبارة	الترتيب
كثيرا	0.58	4.58	أحرص عند اختيار المحتوى العلمي للبرنامج الإثرائي على توافر عنصر العمق العلمي الملائم لقدرات الطلاب الموهوبين.	23	8
كثيرا	0.51	4.56	أركز على تشعب المحتوى العلمي في الشجرة المعرفية.	10	9
كثيرا	0.64	4.56	أصوغ العبارات التي تمثل الوحدات الإثرائية في الإطار العام بحيث تشمل موضوع المحتوى العلمي ومهارات التفكير التي تحققه.	27	10
كثيرا	0.71	4.55	أوفر مصادر التعلم (الكتب، الأفلام التعليمية، المختصين،..) ذات العلاقة قبل تنفيذ الوحدات التعليمية مع الطلاب الموهوبين	14	11
كثيرا	0.53	4.52	أحرص عند اختيار المحتوى العلمي للبرنامج الإثرائي على توافر عنصر التحدي الملائم لقدرات الطلاب الموهوبين.	21	12
كثيرا	0.73	4.50	أطبق ضوابط صياغة العنوان الرئيس للبرنامج الإثرائي.	5	13
كثيرا	0.61	4.48	أعمل على تسلسل المحتوى المعرفي في الشجرة المعرفية من موضوعاته الكبيرة إلى مفرداته الأصغر.	11	14

الاستجابة	الانحراف المعياري	المتوسط الحسابي	العبـــــــارة	رقم العبارة	الترتيب
كثيرا	0.75	4.47	أتقيد بنماذج التخطيط التي يشترطها النموذج الإثرائي الفاعل لتخطيط البرنامج الإثرائي بشكلها المتسلسل.	30	15
كثيرا	0.73	4.45	أعد نماذج المخاطبات اللازمة التي يستخدمها الطلاب لاستكمال أعمالهم في البرنامج الإثرائي.	35	16
كثيرا	0.93	4.44	أطبق شروط اختيار موضوع البرنامج الإثرائي.	1	17
كثيرا	0.79	4.42	أعتني بكتابة فلسفة الخطة لتعبر بوضوح عن أهمية البرنامج المعلوماتية والتفكيرية التي سيحصل عليها الطلاب الموهوبين.	33	18
كثيرا	0.86	4.41	أراعي حاجات الطالب الموهوب عند اختياري لموضوع البرنامج الإثرائي مستخدماً العصف الذهني الجماعي متعدد الفئات لتحديد الموضوع.	3	19
كثيرا	0.88	4.41	أوزع مطبوعات توضح المنهج الإثرائي الذي سيتعلمه الطلاب الموهوبين على منسوبي المدرسة.	38	20
كثيرا	0.84	4.38	أضع لوحات توضيحية ملصقة في كافة أنحاء المدرسة تبين العناصر الرئيسة في المنهج الإثرائي الذي سيتعلمه الطلاب الموهوبين.	37	21
كثيرا	0.73	4.33	أستفيد من قائمة المشاريع التي كتبتها في إعداد مرحلة التميز.	29	22

الاستجابة	الانحراف المعياري	المتوسط الحسابي	العبـــــــارة	رقم العبارة	الترتيب
كثيرا	0.82	4.30	أسجل قائمة بالعديد من المشاريع التي يمكن تدريب الطلاب الموهوبين عليها خلال البرنامج الإثرائي.	28	23
أحيانا	0.92	4.15	أراعي حاجات المجتمع عند اختياري لموضوع البرنامج الإثرائي مستخدماً العصف الذهني الجماعي متعدد الفئات لتحديد الموضوع.	4	24
أحيانا	0.84	4.14	أستطلع آراء الطلاب الموهوبين عما يريدونه من البرنامج الإثرائي.	17	25
أحيانا	0.77	4.12	أهتم بكتابة جدول مختصر للمكونات الرئيسة للبرنامج الإثرائي.	34	26
أحيانا	0.87	4.09	أستفيد من استطلاع آراء الطلاب الموهوبين في تحديد الأنشطة التعليمية والتربوية.	18	27
أحيانا	0.90	4.08	أستخدم مصفوفة المعايير لاختيار موضوع البرنامج الإثرائي.	2	28
أحيانا	0.96	4.03	ألتقي بأولياء أمور الطلاب الموهوبين لعرض فكرة النموذج الإثرائي الفاعل.	36	29
أحيانا	0.86	4.00	أستخدم مصفوفة المعايير لاختيار العنوان الرئيس للبرنامج الإثرائي.	6	30
أحيانا	0.89	4.00	أصوغ عناوين الوحدات الإثرائية تبعا لمصفوفة معايير اختيار العنوان.	31	31
أحيانا	0.92	3.88	أعد الشجرة المعرفية في وجود عينة عشوائية من الطلاب الموهوبين.	9	32

الاستجابة	الانحراف المعياري	المتوسط الحسابي	العبـــــــارة	رقم العبارة	الترتيب
أحيانا	0.98	3.88	أشرك الطلاب الموهوبين في اختيار المحتوى المعرفي للبرنامج الإثرائي وتحديد الخطوط العريضة لموضوعاته.	16	33
أحيانا	0.97	3.83	أعد الشجرة المعرفية تحت إشراف مختص في المحتوى العلمي الذي تشمله.	8	34
أحيانا	1.07	3.80	أحدد ما يعرفه الطلاب الموهوبين عن موضوع البرنامج الإثرائي بالرجوع إلى مفردات مقرراتهم الدراسية التي سبق لهم دراستها.	20	35
أحيانا	1.15	3.74	أوفر حصصاً لانتقال الطلاب الموهوبين من فصولهم إلى غرفة مصادر الموهوبين بتطبيق إستراتيجية ضغط المنهج.	39	36
أحيانا	1.17	3.74	أكون فريقاً إثرائيا من منسوبي المدرسة ومن خارجها لكل وحدة إثرائية.	32	37
أحيانا	1.06	3.65	أتعرف على ميول واتجاهات الطلاب الموهوبين باستخدام مقاييس علمية مقننة.	19	38
أحيانا	1.04	3.61	أتعرف على حاجات الطلاب الموهوبين المتعلقة بموضوع البرنامج الإثرائي باستخدام اختبارات تحصيلية.	15	39
كثيرا		4.27	المتوسط العام		

أشارت نتائج الجدول رقم (4) إلى أن أدوار معلمي الموهوبين المرتبطة بتخطيط المنهج الإثرائي التي تؤدى فعليا في برنامج الموهوبين المدرسي بمدارس التعليم العام كانت بدرجة (كثيرا)، حيث بلغ المتوسط الحسابي العام لاستجابات مجتمع الدراسة (4.27) وهو متوسط يقع ضمن الفئة الخامسة لمقياس ليكرت الخماسي (4.21– 50) وهي الفئة التي تشير إلى الاستجابة (كثيرا).

لوحظ أيضاً وجود اختلاف في درجة استجابة أفراد المجتمع بالنسبة للعبارات التي تقيس أدوار معلمي الموهوبين المرتبطة بتخطيط المنهج الإثرائي التي تؤدى فعليا في برنامج الموهوبين المدرسي بمدارس التعليم العام، حيث تراوحت متوسطات استجابات مجتمع الدراسة من (3.61 – 4.80)، وهذه المتوسطات الحسابية تقع بين الفئات الرابعة والخامسة لمقياس ليكرت الخماسي والتي تشير إلى الاستجابات كثيرا وأحيانا وبناءً على قيم المتوسطات الحسابية تم ترتيب هذه العبارات والتي تمثلها العبارات من (1– 39) بالاستبيان ترتيبا تنازليا كالتالي:

أ. العبارات التي كانت الاستجابة عليها بدرجة كثيرا:

لوحظ وجود (23) عبارة كانت الاستجابة عليها بدرجة كثيرا وجاءت في الترتيب من (1 – 23) من بين العبارات التي تقيس أدوار معلمي الموهوبين المرتبطة بتخطيط المنهج الإثرائي التي تؤدى فعليا في برنامج الموهوبين المدرسي بمدارس التعليم العام. وكانت على النحو التالي:

جاءت العبارة (أستفيد من الشجرة المعرفية في تخطيط البرنامج الإثرائي) والتي تمثلها العبارة رقم (13) بالمرتبة الأولى من بين بمتوسط حسابي (4.80)، كانت العبارة (أطلع على مصادر متعددة ومتنوعة وحديثة قبل إعداد الشجرة المعرفية) والتي تمثلها العبارة رقم (7) بالمرتبة الثانية بمتوسط حسابي (4.67)، ولوحظ أن العبارة (أحدد الأسئلة الرئيسة للبرنامج الإثرائي بعد إدراكي للموضوعات التي سيتم تعلمها من خلال البرنامج الإثرائي) والتي تمثلها العبارة

رقم (24) جاءت بالمرتبة الثالثة حيث كان المتوسط الحسابي يساوي (4.67). وكانت العبارة (أكتب الأسئلة الرئيسة في ضوء المهارات المحددة لمستوى النموذج الإثرائي الفاعل) والتي تمثلها العبارة رقم (26) جاءت بالمرتبة الرابعة بمتوسط حسابي يساوي (4.61). بينما كانت العبارة (أحرص عند اختيار المحتوى العلمي للبرنامج الإثرائي على توافر عنصري التشعب والتداخل الملائمين لقدرات الطلاب الموهوبين) والتي تمثلها العبارة رقم (22) بالمرتبة الخامسة بمتوسط حسابي (4.61)، في حين كانت العبارة (أخرج بعدد كبير ومتنوع من الأسئلة الرئيسة للبرنامج عند كتابتها لأختار الأنسب وفق معايير محددة) والتي تمثلها العبارة رقم (25) بالمرتبة السادسة بمتوسط حسابي (4.61). جاءت العبارة (أشعب موضوعات المحتوى المعرفي في المجالات العلمية المختلفة) والتي تمثلها العبارة رقم (12) بالمرتبة السابعة حيث كان المتوسط الحسابي لها يساوي (4.58). كانت العبارة (أحرص عند اختيار المحتوى العلمي للبرنامج الإثرائي على توافر عنصر العمق العلمي الملائم لقدرات الطلاب الموهوبين) والتي تمثلها العبارة رقم (23) بالمرتبة الثامنة بمتوسط حسابي (4.58)، كانت العبارة (أركز على تشعب المحتوى العلمي في الشجرة المعرفية) والتي تمثلها العبارة رقم (10) بالمرتبة التاسعة بمتوسط حسابي (4.56)، بينما العبارة (أصوغ العبارات التي تمثل الوحدات الإثرائية في الإطار العام بحيث تشمل موضوع المحتوى العلمي ومهارات التفكير التي تحققه) والتي تمثلها العبارة رقم (27) بالمرتبة العاشرة وذلك بمتوسط حسابي (4.56). ولوحظ أن العبارة (أوفر مصادر التعلم (الكتب، الأفلام التعليمية، المختصين،..) ذات العلاقة قبل تنفيذ الوحدات التعليمية مع الطلاب الموهوبين) والتي تمثلها العبارة رقم (14) جاءت بالمرتبة الحادية عشر حيث كان المتوسط الحسابي يساوي (4.55). بينما كانت العبارة (أحرص عند اختيار المحتوى العلمي للبرنامج الإثرائي على توافر عنصر التحدي الملائم لقدرات الطلاب الموهوبين) والتي تمثلها العبارة

رقم (21) بالمرتبة الثانية عشر بمتوسط حسابي يساوي (4.52). في حين كانت العبارة (أطبق ضوابط صياغة العنوان الرئيس للبرنامج الإثرائي) والتي تمثلها العبارة رقم (5) بالمرتبة الثالثة عشر وذلك بمتوسط حسابي (4.50). كانت العبارة (أعمل على تسلسل المحتوى المعرفي في الشجرة المعرفية من موضوعاته الكبيرة إلى مفرداته الأصغر) والتي تمثلها العبارة رقم (11) بالمرتبة الرابعة عشر بمتوسط حسابي (4.48)، بينما العبارة (أتقيد بنماذج التخطيط التي يشترطها النموذج الإثرائي الفاعل لتخطيط البرنامج الإثرائي بشكلها المتسلسل) والتي تمثلها العبارة رقم (30) بالمرتبة الخامسة عشر وذلك بمتوسط حسابي (4.47).جاءت العبارة (أعد نماذج المخاطبات اللازمة التي يستخدمها الطلاب لاستكمال أعمالهم في البرنامج الإثرائي) والتي تمثلها العبارة رقم (35) بالمرتبة السادسة عشر بمتوسط حسابي (4.45). في حين احتلت العبارة (أطبق شروط اختيار موضوع البرنامج الإثرائي) والتي تمثلها العبارة رقم (1) بالترتيب السابعة عشر وذلك بمتوسط حسابي (4.44). ولوحظ أن العبارة (أعتني بكتابة فلسفة الخطة لتعبر بوضوح عن أهمية البرنامج المعلوماتية والتفكيرية التي سيحصل عليها الطلاب الموهوبين) والتي تمثلها العبارة رقم (33) جاءت بالمرتبة الثامنة عشر حيث كان المتوسط الحسابي يساوي (4.42). بينما كانت العبارة (أراعي حاجات الطالب الموهوب عند اختياري لموضوع البرنامج الإثرائي مستخدماً العصف الذهني الجماعي متعدد الفئات لتحديد الموضوع) والتي تمثلها العبارة رقم (3) بالمرتبة التاسعة عشر بمتوسط حسابي يساوي (4.41)،. في حين كانت العبارة (أوزع مطبوعات توضح المنهج الإثرائي الذي سيتعلمه الطلاب الموهوبين على منسوبي المدرسة) والتي تمثلها العبارة رقم (38) بالمرتبة العشرين وذلك بمتوسط حسابي (4.41). كانت العبارة (أضع لوحات توضيحية ملصقة في كافة أنحاء المدرسة تبين العناصر الرئيسة في المنهج الإثرائي الذي سيتعلمه الطلاب الموهوبين) والتي تمثلها العبارة

رقم (37) بالمرتبة الحادية والعشرين بمتوسط حسابي (4.38)، بينما العبارة (أستفيد من قائمة المشاريع التي كتبتها في إعداد مرحلة التميز) والتي تمثلها العبارة رقم (29) بالمرتبة الثانية والعشرين وذلك بمتوسط حسابي (4.33). في حين كانت العبارة (أسجل قائمة بالعديد من المشاريع التي يمكن تدريب الطلاب الموهوبين عليها خلال البرنامج الإثرائي) والتي تمثلها العبارة رقم (28) بالمرتبة الثالثة والعشرين وذلك بمتوسط حسابي (4.30).

ب. العبارات التي كانت الاستجابة عليها بدرجة أحيانا:

لوحظ وجود (16) عبارة كانت الاستجابة عليها بدرجة أحيانا وجاءت في الترتيب من (24 – 39) من بين العبارات التي تقيس أدوار معلمي الموهوبين المرتبطة بتخطيط المنهج الإثرائي التي تؤدى فعليا في برنامج الموهوبين المدرسي بمدارس التعليم العام. وكانت على النحو التالي:

جاءت العبارة (أراعي حاجات المجتمع عند اختياري لموضوع البرنامج الإثرائي مستخدماً العصف الذهني الجماعي متعدد الفئات لتحديد الموضوع) والتي تمثلها العبارة رقم (4) بالمرتبة الرابعة والعشرين بمتوسط حسابي (4.15)، كانت العبارة (أستطلع آراء الطلاب الموهوبين عما يريدونه من البرنامج الإثرائي) والتي تمثلها العبارة رقم (17) بالمرتبة الخامسة والعشرين بمتوسط حسابي (4.14)، ولوحظ أن العبارة (أهتم بكتابة جدول مختصر للمكونات الرئيسة للبرنامج الإثرائي) والتي تمثلها العبارة رقم (34) جاءت بالمرتبة السادسة والعشرين حيث كان المتوسط الحسابي يساوي (4.12). وكانت العبارة (أستفيد من استطلاع آراء الطلاب الموهوبين في تحديد الأنشطة التعليمية والتربوية) والتي تمثلها العبارة رقم (18) جاءت بالمرتبة السابعة والعشرين بمتوسط حسابي يساوي (4.09). بينما كانت العبارة (أستخدم مصفوفة المعايير لاختيار موضوع البرنامج الإثرائي) والتي تمثلها العبارة رقم (2) بالمرتبة الثامنة والعشرين بمتوسط حسابي (4.08)، في حين

كانت العبارة (ألتقي بأولياء أمور الطلاب الموهوبين لعرض فكرة النموذج الإثرائي الفاعل) والتي تمثلها العبارة رقم (36) بالمرتبة التاسعة والعشرين بمتوسط حسابي (4.03). جاءت العبارة(أستخدم مصفوفة المعايير لاختيار العنوان الرئيس للبرنامج الإثرائي) والتي تمثلها العبارة رقم (6) بالمرتبة الثلاثين حيث كان المتوسط الحسابي لها يساوي (4.00).

كانت العبارة (أصوغ عناوين الوحدات الإثرائية تبعا لمصفوفة معايير اختيار العنوان) والتي تمثلها العبارة رقم (31) بالمرتبة الحادي والثلاثين بمتوسط حسابي (4.00)، كانت العبارة (أعد الشجرة المعرفية في وجود عينة عشوائية من الطلاب الموهوبين) والتي تمثلها العبارة رقم (9) بالمرتبة الثانية والثلاثين بمتوسط حسابي (3.88)، بينما العبارة (أشرك الطلاب الموهوبين في اختيار المحتوى المعرفي للبرنامج الإثرائي وتحديد الخطوط العريضة لموضوعاته) والتي تمثلها العبارة رقم (6) بالمرتبة الثالثة والثلاثين وذلك بمتوسط حسابي (3.88).ولوحظ أن العبارة (أعد الشجرة المعرفية تحت إشراف مختص في المحتوى العلمي الذي تشمله) والتي تمثلها العبارة رقم (8) جاءت بالمرتبة الرابعة والثلاثين حيث كان المتوسط الحسابي يساوي (3.83). بينما كانت العبارة (أحدد ما يعرفه الطلاب الموهوبين عن موضوع البرنامج الإثرائي بالرجوع إلى مفردات مقرراتهم الدراسية التي سبق لهم دراستها) والتي تمثلها العبارة رقم (20) بالمرتبة الخامسة والثلاثين بمتوسط حسابي يساوي (3.80). في حين كانت العبارة (أوفر حصصاً لانتقال الطلاب الموهوبين من فصولهم إلى غرفة مصادر الموهوبين بتطبيق استراتيجية ضغط المنهج) والتي تمثلها العبارة رقم (39) بالمرتبة السادسة والثلاثين وذلك بمتوسط حسابي (3.74). كانت العبارة (أكون فريقاً إثرائياً من منسوبي المدرسة ومن خارجها لكل وحدة إثرائية) والتي تمثلها العبارة رقم (32) بالمرتبة السابعة والثلاثين بمتوسط حسابي (3.74)، بينما العبارة (أتعرف على ميول واتجاهات

الطلاب الموهوبين باستخدام مقاييس علمية مقننة) والتي تمثلها العبارة رقم (19) بالمرتبة الثامنة والثلاثين وذلك بمتوسط حسابي (3.65).جاءت العبارة (أتعرف على حاجات الطلاب الموهوبين المتعلقة بموضوع البرنامج الإثرائي باستخدام اختبارات تحصيلية) والتي تمثلها العبارة رقم (15) بالمرتبة التاسعة والثلاثين والأخيرة وذلك بمتوسط حسابي (3.61).

جـ العبارات التي كانت الاستجابة عليها بدرجة نادرا، أو بدرجة غير ممارسة، أو بدرجة غير ممكنة.

لوحظ عدم وجود أي عبارة كانت الاستجابة عليها بدرجة نادراً وكذلك عدم وجود أي عبارة كانت الاستجابة عليها بدرجة غير ممارسة وكذلك عدم وجود أي عبارة كانت الاستجابة عليها بدرجة غير ممكنة من بين العبارات التي تقيس أدوار معلمي الموهوبين المرتبطة بتخطيط المنهج الإثرائي التي تؤدى فعليا في برنامج الموهوبين المدرسي بمدارس التعليم العام.

المحور الثاني: أدوار معلمي الموهوبين أثناء تنفيذ المنهج الإثرائي.

لمعرفة ذلك تم استخدام المتوسطات الحسابية، والانحرافات المعيارية، والترتيب النسبي للعبارات التي تقيس أدوار معلمي الموهوبين المرتبطة بتنفيذ المنهج التي تؤدى فعليا في برنامج الموهوبين المدرسي بمدارس التعليم العام، وكذلك حساب المتوسط الحسابي العام لهذه العبارات، كالتالي:

جدول رقم (5)

المتوسطات الحسابية والانحرافات المعيارية

لاستجابات مجتمع الدراسة حول أدوار معلمي الموهوبين

أثناء تنفيذ المنهج الإثرائي

الاستجابة	الانحراف المعياري	المتوسط الحسابي	الـعـبـــــــارة	رقم العبارة	الترتيب
كثيرا	0.27	4.92	أستخدم للمستوى الثاني برنامج حل المشكلات بطرق إبداعية لإكساب الطلاب الموهوبين المحتوى العلمي المحدد.	14	1
كثيرا	0.32	4.89	أجهز ملف شخصي شامل للطالب الموهوب.	2	2
كثيرا	0.34	4.89	أستخدم للمستوى الثالث برنامج حل المشكلات المستقبلية لإكساب الطلاب الموهوبين المحتوى العلمي المحدد.	15	3
كثيرا	0.53	4.86	أرشد الطلاب الموهوبين من أول لقاء جماعي بهم عن كيف سيسير بهم البرنامج نحو السلوك الموهوب.	1	4
كثيرا	0.43	4.86	أستخدم أساليب متعددة ومتنوعة من أساليب العصف الذهني عند تعليم الطلاب الموهوبين	3	5
كثيرا	0.35	4.86	أمنح الطلاب الموهوبين الحرية في التفكير.	25	6
كثيرا	0.55	4.85	أستخدم للمستوى الرابع برنامج البحث المستقل لإكساب الطلاب الموهوبين المحتوى العلمي المحدد.	16	7
كثيرا	0.49	4.82	أستخدم للمستوى الأول بعض أدوات الكورت المناسبة لإكساب الطلاب الموهوبين المحتوى العلمي المحدد	13	8
كثيرا	0.40	4.80	أوفر للطلاب الموهوبين مصادر تعلم متعددة ومتنوعة.	9	9

الاستجابة	الانحراف المعياري	المتوسط الحسابي	العبـــــارة	رقم العبارة	الترتيب
كثيرا	0.46	4.77	أهتم بتحديد المجال العلمي الذي يلفت انتباه الطالب الموهوب.	8	10
كثيرا	0.61	4.70	أشجع الطلاب الموهوبين على تميز مخرجاتهم بتحدي الأفكار الشائعة وخروجها بتصور مختلف وأفكار جديدة.	34	11
كثيرا	0.66	4.68	أوجد البيئة المناسبة لتعليم الطلاب الموهوبين.	20	12
كثيرا	0.59	4.67	أحدد آلية تنفيذ الوحدات الإثرائية بشكل متواز أو متسلسل بناء على عدد الطلاب الموهوبين الذين سيعملون عليها.	5	13
كثيرا	0.57	4.65	أساعد الطلاب الموهوبين على تحديد أماكن المصادر البحثية العديدة.	41	14
كثيرا	0.57	4.64	أحدد أساليب التفكير المفضلة لدى الطلاب الموهوبين.	19	15
كثيرا	0.61	4.59	أحدد أساليب التعبير المفضلة لدى الطلاب الموهوبين.	18	16
كثيرا	0.53	4.58	أوفر خبرات متعددة في مرحلة الاستكشاف تجعل الطلاب الموهوبين يحددون المجال العلمي الذي يرغبون العمل فيه خلال البرنامج الإثرائي.	7	17
كثيرا	0.56	4.56	أتقيد بالخطة الزمنية لمراحل ومناشط البرنامج الإثرائي.	4	18
كثيرا	0.68	4.56	أهتم بتنمية مهارات التواصل اللفظي وغير اللفظي للطلاب الموهوبين عند عرض أفكارهم وتقديمها للآخرين.	24	19

الترتيب	رقم العبارة	العبـــــارة	المتوسط الحسابي	الانحراف المعياري	الاستجابة
20	32	أشجع الطلاب الموهوبين لتحويل أفكارهم الإبداعية إلى مخترعات محسوسة.	4.56	0.75	كثيرا
21	33	أشجع الطلاب الموهوبين على عرض تجاربهم الشخصية ومناقشتها بشكل دوري ومستمر.	4.55	0.81	كثيرا
22	38	أوفر فرصاً مناسبة لقيام الطلاب الموهوبين بمشاريعهم الفردية.	4.53	0.64	كثيرا
23	40	أوفر للطلاب الموهوبين مجالات متعددة للعمل والنشاط.	4.52	0.61	كثيرا
24	49	أركز على تنمية المهارات فوق المعرفية: التخطيط، والتنظيم، والمراقبة لدى الطلاب الموهوبين عند سيرهم في مشاريعهم	4.50	0.66	كثيرا
25	37	أشجع الطلاب الموهوبين على متابعة الإجابات الخاصة عن أسئلتهم من خلال تقديم مقترحات.	4.45	0.61	كثيرا
26	17	أحدد أساليب التعلم المفضلة لدى الطلاب الموهوبين.	4.45	0.72	كثيرا
27	6	أعدل بالإضافة أو الحذف على الوحدات الإثرائية بما يتناسب وميول وقدرات ومواهب الطلاب الموهوبين .	4.45	0.73	كثيرا
28	44	أساعد الطلاب الموهوبين على عرض مشاريعهم و إنتاجهم في المعرض المدرسي.	4.42	0.82	كثيرا
29	43	أقيم إنتاج الطلاب الموهوبين طبقا لمعايير المنتج الإبداعي.	4.41	0.80	كثيرا

الترتيب	رقم العبارة	العبـــــارة	المتوسط الحسابي	الانحراف المعياري	الاستجابة
30	12	أجعل الطلاب الموهوبين يختارون التكاليف الجماعية وفق ميولهم العلمية.	4.39	0.68	كثيرا
31	26	أطور بناء الشجرة المعرفية للبرنامج بشكل مستمر بالتعاون مع الطلاب الموهوبين	4.39	0.76	كثيرا
32	31	أستخدم إستراتيجية سكامبر لتطوير أفكار الطلاب الموهوبين.	4.34	0.82	كثيرا
33	11	أطرح مشاريع مرحلة التميز أثناء مرحلة الاستكشاف وفق ميول الطلاب الموهوبين وقدراتهم.	4.33	0.79	كثيرا
34	28	أقيم المستوى المعرفي للطلاب الموهوبين بنهاية كل وحدة إثرائية باستخدام أساليب متعددة للتقييم.	4.30	0.80	كثيرا
35	42	أطور مع الطلاب الموهوبين خطة بحث مكتوبة.	4.30	0.84	كثيرا
36	48	أذكر معلمي المدرسة بالمهارات التي يتعرض لها الطلاب الموهوبين لكي يعززوها عند تدريس مقرراتهم.	4.29	0.78	كثيرا
37	30	أتيح فرصاً عديدة لبحث مواضيع من اختيار الطلاب الموهوبين وبشكل فردي.	4.29	0.86	كثيرا
38	47	أنمذج المهارات العملية التي ينص عليها النموذج الإثرائي الفاعل في غرفة مصادر الموهوبين وخارجها.	4.24	0.90	كثيرا
39	27	أستخدم لكل مستوى أساليب التشخيص المناسبة لتحديد مسار النمو الشخصي لطلاب الموهوبين وفق المهارات المحددة له.	4.21	0.89	كثيرا

الترتيب	رقم العبارة	العبـــــــارة	المتوسط الحسابي	الانحراف المعياري	الاستجابة
40	22	أستخدم استراتيجيات تدريسية مساندة لإستراتيجية التفكير الرئيسة.	4.21	0.97	كثيرا
41	35	أتابع مشاريع الطلاب الموهوبين بشكل أسبوعي ومستمر باستخدام نموذج مخصص لذلك.	4.12	0.90	أحيانا
42	29	أستخدم لكل مستوى أساليب التشخيص المناسبة لتحديد نمو الدوافع وتطويرها للطلاب الموهوبين وفق المجال المحدد له.	4.11	0.86	أحيانا
43	39	أوجه دعوات دورية لأولياء أمور الطلاب الموهوبين لزيارة ومتابعة أحداث البرنامج الإثرائي.	4.08	0.88	أحيانا
44	10	أستخدم تطبيقات نظرية الذكاوات المتعددة في مرحلة الاستكشاف لتحديد مواهب وقدرات الطلاب الموهوبين.	3.98	0.92	أحيانا
45	36	أشرك معلمي المدرسة في تقييم المحتوى العلمي الذي يتوصل إليه الطلاب الموهوبين بشكل مرحلي.	3.97	0.86	أحيانا
46	23	أدرب الطلاب الموهوبين على استكمال نماذج المخاطبات الإدارية لاستكمال متطلبات أنشطتهم التعليمية.	3.85	1.08	أحيانا
47	21	أستفيد من قوائم رينزولي لمتابعة تطور السمات الشخصية للطلاب الموهوبين.	3.74	1.19	أحيانا

الاستجابة	الانحراف المعياري	المتوسط الحسابي	العبـــارة	رقم العبارة	الترتيب
أحيانا	1.19	3.52	أنسق للطلاب الموهوبين كي يعرضوا مشاريعهم و إنتاجهم في المتاحف أو الأسواق التجارية أو في قاعات المستشفيات أو المؤتمرات العلمية أو المعارض العلمية.	45	48
نادرا	1.26	3.39	أنسق للطلاب الموهوبين مع صحف ومجلات الأطفال لتحتضن إنتاجهم ونشره.	46	49
كثيرا		4.43	المتوسط العام		

أشارت نتائج الجدول رقم (5) أن أدوار معلمـي الموهوبين المرتبطـة بتنفيـذ المنهج الإثرائي التـي تؤدى فعليا أثناء تنفيذ المنهج الإثرائي في برنامج الموهوبين المـدرسي بمـدارس التعليم العام كانت بدرجـة (كثيرا)، حيث بلغ المتوسط الحسابي العام لاستجابات مجتمع الدراسة (4.43) وهو متوسط يقع ضمن الفئة الخامسة لمقياس ليكرت الخماسي (4.21 – 50) وهي الفئة التي تشير إلى الاستجابة (كثيرا).

لوحظ أيضا وجود اختلاف في درجة استجابة أفراد المجتمـع بالنسبة للعبارات التـي تقيس أدوار معلمي الموهوبين المرتبطة بتنفيذ المنهج الإثرائي التي تـؤدى فعليا أثناء تنفيذ المنهج الإثرائي في برنامج الموهوبين المدرسي بمدارس التعليم العام حيث تراوحت متوسطات استجابات مجتمع الدراسة من (3.39 – 4.92) وهذه المتوسطات الحسابية تقع بين الفئات الثالثة و الرابعة و الخامسة لمقياس ليكرت الخماسي واللاتي تشرن إلى الاستجابات كثيرا وأحيانا ونادرا وبناءا عـلى قـيم المتوسطات الحسابية تـم ترتيب هـذه العبارات والتي تمثلها العبارات من (1– 49) بالاستبيان ترتيبا تنازليا كالتالي:

أ. العبارات التي كانت الاستجابة عليها بدرجة كثيرا:

لوحظ وجود (40) عبارة كانت الاستجابة عليها بدرجة كثيرا وجاءت في الترتيب من (1 – 40) من بين العبارات التي تقيس أدوار معلمي الموهوبين المرتبطة بتنفيذ المنهج الإثرائي التي تؤدى فعليا أثناء تنفيذ المنهج الإثرائي في برنامج الموهوبين المدرسي بمدارس التعليم العام. وكانت على النحو التالي:

جاءت العبارة (أستخدم للمستوى الثاني برنامج حل المشكلات بطرق إبداعية لإكساب الطلاب الموهوبين المحتوى العلمي المحدد) والتي تمثلها العبارة رقم (14) بالمرتبة الأولى من بين بمتوسط حسابي (4.92)، كانت العبارة (أجهز ملف شخصي شامل للطالب الموهوب) والتي تمثلها العبارة رقم (2) بالمرتبة الثانية بمتوسط حسابي (4.89)، ولوحظ أن العبارة (أستخدم للمستوى الثالث برنامج حل المشكلات المستقبلية لإكساب الطلاب الموهوبين المحتوى العلمي المحدد) والتي تمثلها العبارة رقم (15) جاءت بالمرتبة الثالثة حيث كان المتوسط الحسابي يساوي (4.89). وكانت العبارة (أرشد الطلاب الموهوبين من أول لقاء جماعي بهم عن كيف سيسير بهم البرنامج نحو السلوك الموهوب) والتي تمثلها العبارة رقم (1) جاءت بالمرتبة الرابعة بمتوسط حسابي يساوي (4.86). بينما كانت العبارة (أستخدم أساليب متعددة ومتنوعة من أساليب العصف الذهني عند تعليم الطلاب الموهوبين) والتي تمثلها العبارة رقم(3) بالمرتبة الخامسة بمتوسط حسابي (4.86)، في حين كانت العبارة (أمنح الطلاب الموهوبين الحرية في التفكير) والتي تمثلها العبارة رقم (25) بالمرتبة السادسة بمتوسط حسابي (4.86).جاءت العبارة(أستخدم للمستوى الرابع برنامج البحث المستقل لإكساب الطلاب الموهوبين المحتوى العلمي المحدد) والتي تمثلها العبارة رقم (16) بالمرتبة السابعة حيث كان المتوسط الحسابي لها يساوي (4.85). كانت العبارة (أستخدم للمستوى الأول بعض أدوات الكورت المناسبة لإكساب الطلاب الموهوبين المحتوى العلمي المحدد) والتي تمثلها

العبارة رقم (13) بالمرتبة الثامنة بمتوسط حسابي (4.82)، كانت العبارة (أوفر للطلاب الموهوبين مصادر تعلم متعددة ومتنوعة) والتي تمثلها العبارة رقم (9) بالمرتبة التاسعة بمتوسط حسابي (4.80)، بينما العبارة (أهتم بتحديد المجال العلمي الذي يلفت انتباه الطالب الموهوب) والتي تمثلها العبارة رقم (8) بالمرتبة العاشرة وذلك بمتوسط حسابي (4.77). ولوحظ أن العبارة (أهتم بتنمية مهارات التواصل اللفظي وغير اللفظي للطلاب الموهوبين عند عرض أفكارهم وتقديمها للآخرين) والتي تمثلها العبارة رقم (34) جاءت بالمرتبة الحادية عشر حيث كان المتوسط الحسابي يساوي (4.70). بينما كانت العبارة (أوجد البيئة المناسبة لتعليم الطلاب الموهوبين) والتي تمثلها العبارة رقم (20) بالمرتبة الثانية عشر بمتوسط حسابي يساوي (4.68)، في حين كانت العبارة (أحدد آلية تنفيذ الوحدات الإثرائية بشكل متواز أو متسلسل بناء على عدد الطلاب الموهوبين الذين سيعملون عليها) والتي تمثلها العبارة رقم (5) بالمرتبة الثالثة عشر وذلك بمتوسط حسابي (4.67). كانت العبارة (أساعد الطلاب الموهوبين على تحديد أماكن المصادر البحثية العديدة) والتي تمثلها العبارة رقم (41) بالمرتبة الرابعة عشر بمتوسط حسابي (4.65)، بينما العبارة (أحدد أساليب التفكير المفضلة لدى الطلاب الموهوبين) والتي تمثلها العبارة رقم (19) بالمرتبة الخامسة عشر وذلك بمتوسط حسابي (4.64).جاءت العبارة (أحدد أساليب التعبير المفضلة لدى الطلاب الموهوبين) والتي تمثلها العبارة رقم (18) بالمرتبة السادسة عشر بمتوسط حسابي (4.59). في حين احتلت العبارة (أوفر خبرات متعددة في مرحلة الاستكشاف تجعل الطلاب الموهوبين يحددون المجال العلمي الذي يرغبون العمل فيه خلال البرنامج الإثرائي) والتي تمثلها العبارة رقم (7) بالترتيب السابعة عشر وذلك بمتوسط حسابي (4.58). ولوحظ أن العبارة (أتقيد بالخطة الزمنية لمراحل ومناشط البرنامج الإثرائي) والتي تمثلها العبارة رقم (4) جاءت بالمرتبة الثامنة عشر حيث كان المتوسط الحسابي

يساوي (4.56). بينما كانت العبارة (أهتم بتنمية مهارات التواصل اللفظي وغير اللفظي للطلاب الموهوبين عند عرض أفكارهم وتقديمها للآخرين) والتي تمثلها العبارة رقم (24) بالمرتبة التاسعة عشر بمتوسط حسابي يساوي (4.56). في حين كانت العبارة (أشجع الطلاب الموهوبين لتحويل أفكارهم الإبداعية إلى مخترعات محسوسة) والتي تمثلها العبارة رقم (32) بالمرتبة العشرين وذلك بمتوسط حسابي (4.56). كانت العبارة (أشجع الطلاب الموهوبين على عرض تجاربهم الشخصية ومناقشتها بشكل دوري ومستمر) والتي تمثلها العبارة رقم (33) بالمرتبة الحادية والعشرين بمتوسط حسابي (4.55)، بينما العبارة (أوفر فرصاً مناسبة لقيام الطلاب الموهوبين بمشاريعهم الفردية) والتي تمثلها العبارة رقم (38) بالمرتبة الثانية والعشرين وذلك بمتوسط حسابي (4.53). كانت العبارة (أوفر للطلاب الموهوبين مجالات متعددة للعمل والنشاط) والتي تمثلها العبارة رقم (40) بالمرتبة الثالثة والعشرين بمتوسط حسابي (4.52)،جاءت العبارة (أركز على تنمية المهارات فوق المعرفية: التخطيط، والتنظيم، والمراقبة لدى الطلاب الموهوبين عند سيرهم في مشاريعهم) والتي تمثلها العبارة رقم (49) بالمرتبة الرابعة والعشرين بمتوسط حسابي (4.50)، كانت العبارة (أشجع الطلاب الموهوبين على متابعة الإجابات الخاصة عن أسئلتهم من خلال تقديم مقترحات) والتي تمثلها العبارة رقم (37) بالمرتبة الخامسة والعشريين بمتوسط حسابي (4.45)، أما العبارة (أحدد أساليب التعلم المفضلة لدى الطلاب الموهوبين) والتي تمثلها العبارة رقم (17) جاءت بالمرتبة السادسة والعشرين حيث كان المتوسط الحسابي يساوي (4.45). وكانت العبارة (أعدل بالإضافة أو الحذف على الوحدات الإثرائية بما يتناسب وميول وقدرات ومواهب الطلاب الموهوبين) والتي تمثلها العبارة رقم (6) جاءت بالمرتبة السابعة والعشرين بمتوسط حسابي يساوي (4.45). بينما كانت العبارة (أهتم بتنمية مهارات التواصل اللفظي وغير اللفظي للطلاب الموهوبين عند عرض أفكارهم

وتقديمها للآخرين) والتي تمثلها العبارة رقم (44) بالمرتبة الثامنة والعشرين بمتوسط حسابي (4.42)، في حين كانت العبارة (أقيم إنتاج الطلاب الموهوبين طبقا لمعايير المنتج الإبداعي) والتي تمثلها العبارة رقم (43) بالمرتبة التاسعة والعشرين بمتوسط حسابي (4.41).جاءت العبارة(أجعل الطلاب الموهوبين يختارون التكاليف الجماعية وفق ميولهم العلمية) والتي تمثلها العبارة رقم (12) بالمرتبة الثلاثين حيث كان المتوسط الحسابي لها يساوي (4.39). كانت العبارة (أطور بناء الشجرة المعرفية للبرنامج بشكل مستمر بالتعاون مع الطلاب الموهوبين) والتي تمثلها العبارة رقم (26) بالمرتبة الحادي والثلاثين بمتوسط حسابي (4.39)، كانت العبارة (أستخدم استراتيجية سكامبر لتطوير أفكار الطلاب الموهوبين) والتي تمثلها العبارة رقم (31) بالمرتبة الثانية والثلاثين بمتوسط حسابي (4.34)، بينما العبارة (أطرح مشاريع مرحلة التميز أثناء مرحلة الاستكشاف وفق ميول الطلاب الموهوبين وقدراتهم) والتي تمثلها العبارة رقم (11) بالمرتبة الثالثة والثلاثين وذلك بمتوسط حسابي (4.33). ولوحظ أن العبارة (أقيم المستوى المعرفي للطلاب الموهوبين بنهاية كل وحدة إثرائية باستخدام أساليب متعددة للتقييم) والتي تمثلها العبارة رقم (28) جاءت بالمرتبة الرابعة والثلاثين حيث كان المتوسط الحسابي يساوي (4.30). بينما كانت العبارة (أطور مع الطلاب الموهوبين خطة بحث مكتوبة) والتي تمثلها العبارة رقم (42) بالمرتبة الخامسة والثلاثين بمتوسط حسابي يساوي (4.30). في حين كانت العبارة (أذكر معلمي المدرسة بالمهارات التي يتعرض لها الطلاب الموهوبين لكي يعززوها عند تدريس مقرراتهم) والتي تمثلها العبارة رقم (48) بالمرتبة السادسة والثلاثين وذلك بمتوسط حسابي (4.29). كانت العبارة (أتيح فرصاً عديدة لبحث مواضيع من اختيار الطلاب الموهوبين وبشكل فردي) والتي تمثلها العبارة رقم (30) بالمرتبة السابعة والثلاثين بمتوسط حسابي (4.29)، بينما العبارة (أنمذج المهارات العملية التي ينص عليها النموذج الإثرائي الفاعل في

غرفة مصادر الموهوبين وخارجها) والتي تمثلها العبارة رقم (47) بالمرتبة الثامنة والثلاثين وذلك بمتوسط حسابي (4.24). جاءت العبارة (أستخدم لكل مستوى أساليب التشخيص المناسبة لتحديد مسار النمو الشخصي لطلاب الموهوبين وفق المهارات المحددة له) والتي تمثلها العبارة رقم (27) بالمرتبة التاسعة والثلاثين وذلك بمتوسط حسابي (4.21). جاءت العبارة (أستخدم استراتيجيات تدريسية مساندة لاستراتيجية التفكير الرئيسة) والتي تمثلها العبارة رقم (22) بالمرتبة الأربعين حيث كان المتوسط الحسابي لها يساوي (4.21).

ب. العبارات التي كانت الاستجابة عليها بدرجة أحيانا:

لوحظ وجود (8)عبارات كانت الاستجابة عليها بدرجة أحيانا وجاءت في الترتيب من (41 – 48)من بين العبارات التي تقيس أدوار معلمي الموهوبين المرتبطة بتنفيذ المنهج الإثرائي التي تمارس فعليا أثناء تنفيذ المنهج الإثرائي في برنامج الموهوبين المدرسي بمدارس التعليم العام. وكانت على النحو التالي:

كانت العبارة (أتابع مشاريع الطلاب الموهوبين بشكل أسبوعي ومستمر باستخدام نموذج مخصص لذلك) والتي تمثلها العبارة رقم (35) بالمرتبة الحادي والأربعين بمتوسط حسابي (4.12)، كانت العبارة (أستخدم لكل مستوى أساليب التشخيص المناسبة لتحديد نمو الدوافع و تطويرها للطلاب الموهوبين وفق المجال المحدد له) والتي تمثلها العبارة رقم (29) بالمرتبة الثانية والأربعين بمتوسط حسابي (4.11)، بينما العبارة (أوجه دعوات دورية لأولياء أمور الطلاب الموهوبين لزيارة ومتابعة أحداث البرنامج الإثرائي) والتي تمثلها العبارة رقم (39) بالمرتبة الثالثة والأربعين وذلك بمتوسط حسابي (4.08). ولوحظ أن العبارة (أستخدم تطبيقات نظرية الذكاوات المتعددة في مرحلة الاستكشاف لتحديد مواهب وقدرات الطلاب الموهوبين) والتي تمثلها العبارة رقم (10) جاءت بالمرتبة الرابعة والأربعين حيث كان المتوسط الحسابي يساوي (3.98).

بينما كانت العبارة (أشرك معلمي المدرسة في تقييم المحتوى العلمي الذي يتوصل إليه الطلاب الموهوبين بشكل مرحلي) والتي تمثلها العبارة رقم (36) بالمرتبة الخامسة والأربعين بمتوسط حسابي يساوي (3.97). في حين كانت العبارة (أدرب الطلاب الموهوبين على استكمال نماذج المخاطبات الإدارية لاستكمال متطلبات أنشطتهم التعليمية) والتي تمثلها العبارة رقم (23) بالمرتبة السادسة والأربعين وذلك بمتوسط حسابي (3.85). كانت العبارة (أستفيد من قوائم رينزولي لمتابعة تطور السمات الشخصية للطلاب الموهوبين) والتي تمثلها العبارة رقم (21) بالمرتبة السابعة والأربعين بمتوسط حسابي (3.74)، بينما العبارة (أنسق للطلاب الموهوبين كي يعرضوا مشاريعهم و إنتاجهم في المتاحف أو الأسواق التجارية أو في قاعات المستشفيات أو المؤتمرات العلمية أو المعارض العلمية) والتي تمثلها العبارة رقم (45) بالمرتبة الثامنة والأربعين وذلك بمتوسط حسابي (3.52).

جـ العبارات التي كانت الاستجابة عليها بدرجة نادرا:

لوحظ وجود (عبارة واحدة) كانت الاستجابة عليها بدرجة نادرا وجاءت في الترتيب التاسع والأربعين والأخير من بين العبارات التي تقيس ممارسات معلمي الموهوبين المرتبطة بمنهجية النموذج الإثرائي الفاعل التي تمارس فعليا أثناء تنفيذ المنهج الإثرائي في برنامج الموهوبين المدرسي بمدارس التعليم العام. جاءت العبارة (أنسق للطلاب الموهوبين مع صحف ومجلات الأطفال لتحتضن إنتاجهم ونشره) والتي تمثلها العبارة رقم (46) بالمرتبة التاسعة والأربعين والأخيرة وذلك بمتوسط حسابي (3.39).

د. العبارات التي كانت الاستجابة عليها بدرجة غير ممارسة أو بدرجة غير ممكنة:

لوحظ عدم وجود أية عبارة كانت الاستجابة عليها بدرجة غير ممارسة، وكذلك عدم وجود أية عبارة كانت الاستجابة عليها بدرجة غير ممكنة من بين العبارات التي تقيس أدوار معلمي الموهوبين المرتبطة المنهج الإثرائي التي تؤدى

فعليا أثناء تنفيذ المنهج الإثرائي في برنامج الموهوبين المدرسي بمدارس التعليم العام.

المحور الثالث: أدوار معلمي الموهوبين بعد تنفيذ المنهج الإثرائي.

لمعرفة ذلك تم استخدام المتوسطات الحسابية، والانحرافات المعيارية، والترتيب النسبي للعبارات التي تقيس أدوار معلمي الموهوبين المرتبطة بتقويم المنهج الإثرائي التي تؤدى فعليا بعد تنفيذ المنهج الإثرائي في برنامج الموهوبين المدرسي بمدارس التعليم العام، وكذلك حساب المتوسط الحسابي العام لهذه العبارات، كالتالي:

جدول رقم (6)

المتوسطات الحسابية والانحرافات المعيارية

لاستجابات مجتمع الدراسة حول أدوار معلمي الموهوبين

بعد تنفيذ المنهج الإثرائي

الترتيب	رقم العبارة	العبـــــارة	المتوسط الحسابي	الانحراف المعياري	الاستجابة
1	7	أجتمع مع زملائي معلمي الموهوبين لتقييم الممارسات العملية وإبراز الايجابيات ومناقشة السلبيات في نهاية تنفيذ البرنامج الإثرائي.	4.67	0.62	كثيرا
2	4	أتواصل مع الطلاب الموهوبين لتطوير إنتاجاهم.	4.62	0.55	كثيرا
3	5	أحكم ذاتياً خطة البرنامج الإثرائي الذي أنهيته لأستفيد منها لاحقاً.	4.42	0.72	كثيرا
4	3	أجري التعديلات التي سجلتها على خطة البرنامج الإثرائي من أجل إفادة الجهة الإشرافية.	4.39	0.76	كثيرا

الترتيب	رقم العبارة	العبـــــــارة	المتوسط الحسابي	الانحراف المعياري	الاستجابة
5	6	أكتب تقريراً شاملاً عن كل طالب موهوب اجتاز البرنامج يتضمن ميوله ونقاط قوته وضعفه.	4.15	0.98	أحيانا
6	2	أشرك الفريق الإثرائي في تقييم البرنامج الإثرائي.	4.08	0.93	أحيانا
7	1	أشرك أولياء أمور الطلاب في تقييم البرنامج الإثرائي	3.70	0.96	أحيانا
		المتوسط العام	**4.29**		**كثيرا**

أشارت نتائج الجدول رقم (6) إلى أن أدوار معلمي الموهوبين المرتبطة بتقويم المنهج الإثرائي التـي تؤدى فعليا بعد تنفيذ المنهج الإثرائي في برنامج الموهـوبين المـدرسي بمـدارس التعلـيم العـام كانـت بدرجـة (كثيرا)، حيث بلغ المتوسط الحسابي العام لاستجابات مجتمع الدراسـة (4.29) وهـو متوسـط يقـع ضـمن الفئة الخامسة لمقياس ليكـرت الخماسي (4.21- 50) وهي الفئة التي تشير إلى الاستجابة (كثيرا).

لوحظ أيضاً وجود اختلاف في درجة استجابة أفراد المجتمـع بالنسـبة للعبـارات التـي تقـيس أدوار معلمي الموهوبين المرتبطة بتقويم المنهج الإثرائي التي تـؤدى فعليـا بعـد تنفيـذ المـنهج الإثـرائي في برنـامج الموهوبين المدرسي بمدارس التعليم العام حيث تراوحت متوسطات استجابات مجتمع الدراسة من (3.70 - 4.67) وهذه المتوسطات الحسابية تقع بين الفئـات الرابعـة و الخامسـة لمقيـاس ليكـرت الخـماسي والـلاتي تشرن إلى الاستجابات كثيرا و أحيانا وبناءا على قيم المتوسطات الحسابية تم ترتيب هـذه العبـارات والتـي تمثلها العبارات من (1- 7) بالاستبيان ترتيبا تنازليا كالتالي:

أ. العبارات التي كانت الاستجابة عليها بدرجة كثيرا:

لوحظ وجود (4)عبارات كانت الاستجابة عليها بدرجة كثيرا وجاءت في الترتيب من (1 – 4)من بين العبارات التي تقيس أدوار معلمي الموهوبين المرتبطة بتقويم المنهج الإثرائي التي تؤدى فعليا بعد تنفيذ المنهج الإثرائي في برنامج الموهوبين المدرسي بمدارس التعليم العام. وكانت على النحو التالي:

جاءت العبارة (أجتمع مع زملائي معلمي الموهوبين لتقييم الممارسات العملية وإبراز الايجابيات ومناقشة السلبيات في نهاية تنفيذ البرنامج الإثرائي) والتي تمثلها العبارة رقم (7) بالمرتبة الأولى من بين بمتوسط حسابي (4.67)، كانت العبارة (أتواصل مع الطلاب الموهوبين لتطوير إنتاجاهم) والتي تمثلها العبارة رقم (4) بالمرتبة الثانية بمتوسط حسابي (4.62)، ولوحظ أن العبارة (أحكم ذاتياً خطة البرنامج الإثرائي الذي أنهيته لأستفيد منها لاحقاً) والتي تمثلها العبارة رقم (5) جاءت بالمرتبة الثالثة حيث كان المتوسط الحسابي يساوي (4.42). وكانت العبارة (أجري التعديلات التي سجلتها على خطة البرنامج الإثرائي من أجل إفادة الجهة الإشرافية) والتي تمثلها العبارة رقم (3)جاءت بالمرتبة الرابعة بمتوسط حسابي يساوي (4.39).

ب. العبارات التي كانت الاستجابة عليها بدرجة أحيانا:

لوحظ وجود (3)عبارات كانت الاستجابة عليها بدرجة أحيانا وجاءت في الترتيب من (5 – 7) من بين العبارات التي تقيس أدوار معلمي الموهوبين المرتبطة بتقويم المنهج الإثرائي التي تمارس فعليا بعد تنفيذ المنهج الإثرائي في برنامج الموهوبين المدرسي بمدارس التعليم العام. وكانت على النحو التالي:

كانت العبارة (أكتب تقريراً شاملاً عن كل طالب موهوب اجتاز البرنامج يتضمن ميوله ونقاط قوته وضعفه) والتي تمثلها العبارة رقم (6) بالمرتبة الخامسة

بمتوسط حسابي (4.15)، في حين كانت العبارة (أشرك الفريق الإثرائي في تقييم البرنامج الإثرائي) والتي تمثلها العبارة رقم (2) بالمرتبة السادسة بمتوسط حسابي (4.08). جاءت العبارة (أشرك أولياء أمور الطلاب في تقييم البرنامج الإثرائي) والتي تمثلها العبارة رقم (1) بالمرتبة السابعة حيث كان المتوسط الحسابي لها يساوي (3.70).

جـ العبارات التي كانت الاستجابة عليها بدرجة نادرا أو بدرجة غير ممارسة أو بدرجة غير ممكنة:

لوحظ عدم وجود أية عبارة كانت الاستجابة عليها بدرجة نادراً وكذلك عدم وجود أية عبارة كانت الاستجابة عليها بدرجة غير ممارسةً وكذلك عدم وجود أية عبارة كانت الاستجابة عليها بدرجة غير ممكنة من بين العبارات التي تقيس أدوار معلمي الموهوبين المرتبطة بتقويم المنهج الإثرائي التي تؤدى فعليا بعد تنفيذ المنهج الإثرائي في برنامج الموهوبين المدرسي بمدارس التعليم العام.

تبين من نتائج هذا السؤال أن أدوار معلمي الموهوبين المرتبطة بتخطيط وتنفيذ وتقويم المنهج الإثرائي التي تؤدى فعليا في برنامج الموهوبين المدرسي بمدارس التعليم العام كانت تؤدى كثيرا من وجهة نظaرهم وذلك في جميع المحاور التي تم إخضاعها للدراسة وهي أدوار معلمي الموهوبين لتخطيط المنهج الإثرائي، وأدوار معلمي الموهوبين أثناء تنفيذ المنهج الإثرائي،وأدوار معلمي الموهوبين بعد تنفيذ المنهج الإثرائي.

ويعزو الباحث هذه النتيجة إلى إدراك معلمي الموهوبين للمنهجية التي يتبعونها عند تخطيط وتنفيذ وتقويم المنهج الإثرائي وقد يكون ذلك راجع لقوة اعتقادهم بإمكانية تنفيذ تلك الأدوار والأداء المستمر لها.

وتتفق الدراسة الحالية مع دراسة البلوي (2007) التي هدفت إلى معرفة مدى امتلاك معلمي الموهوبين في المملكة العربية السعودية للكفايات التعليمية، وهل يوجد اختلاف في مستوى كفاياتهم التعليمية يعزى لمتغير الجنس والعمر والمؤهل العلمي واختلاف التخصص أو الخبرة العملية والخبرة في مجال رعاية الموهوبين والتي أشارت إلى أن مستوى امتلاك معلمي الموهوبين للكفايات التعليمية مرتفع بسبب توفر المهارات والقدرات الخاصة برعاية الموهوبين لدى معلمي الموهوبين مما ينعكس على مدى وعي وإدراك المعلمين لفئة الموهوبين وأعداد البرامج الخاصة بهم وتوفير المنهج الجيد لهم.

كما تتفق الدراسة الحالية مع دراسة روعة صالح (2006) التي هدفت إلى معرفة فاعلية برنامج إثرائي في الاقتصاد المنزلي لتنمية التفكير الإبتكاري للموهوبات مصمم وفق النموذج الإثرائي الفاعل والتي أشارت إلى فاعلية البرنامج الإثرائي في تنمية مهارات التفكير الإبتكاري الطلاقة والمرونة والأصالة والتفاصيل.

وتتفق أيضا الدراسة الحالية مع ما توصلت إليه دراسة العنزي (2005) التي هدفت إلى التعرف على مدى فاعلية برنامج الموهوبين المدرسي من وجهة نظر كل من مديري ومديرات المدارس ومعلمي ومعلمات وأولياء أمور الطلاب الموهوبين في مجال الأهداف، ومجال أسلوب التنفيذ، ومجال طريقة التقويم والتي أشارت بأن برنامج الموهوبين المدرسي فاعلا في جميع الأبعاد التي خضعت للدراسة من وجهة نظر كل من مديري ومديرات المدارس ومعلمي ومعلمات وأولياء أمور الطلاب الموهوبين.

في حين لا تتفق الدراسة الحالية مع دراسة السيف (1998) التي هدفت إلى التعرف على المعوقات التي تحد من فاعلية قيام الإدارة المدرسية بدورها تجاه

الطلاب الموهوبين حيث بينت عدم وجود خبراء في مجال رعاية الموهوبين وعدم امتلاك مديري المدارس مهارات تسهم في تصميم برامج الموهوبين.

وأخيراً لا تتفق الدراسة الحالية في نتائجها مع ما توصلت إليه دراسة الشخص (1990) التي كشفت عن عدم وجود أية برامج خدمات أو جهات مسؤولة عن الطلاب الموهوبين في بعض دول الخليج العربي، وكذلك وجود بعض الأهداف الخاصة بالطلاب الموهوبين ضمن أهداف التربية العامة كما تبين عدم وجود برامج خاصة بالطلاب الموهوبين كما لا توجد خطط تربوية لرعايتهم فضلا عن عدم وجود معلمين مختصين في العمل مع الطلاب الموهوبين في أكثر دول الخليج العربي.

ويتضح مما سبق أن اتفاق دراسة البلوي (2007)، ودراسة روعة صالح (2006)، ودراسة العنزي (2005) مع نتائج الدراسة الحالية راجع إلى أنها جميعا تمت على برنامج الموهوبين المدرسي واستهدفت معلم الموهوبين الذي كما أشار التويجري ومنصور (2000) يمثل الدور الأساسي في نجاح أو فشل جهود الدولة في تربية وتعليم الموهوبين، فالمعلم غير الكفء يجعل أقوى البرامج وأفضل مراكز مصادر التعلم وغرف مصادر الموهوبين غير مفيدة في تربية وتعليم الموهوبين، لجهله ببرامج ومناهج وطرائق تدريس الموهوبين فيعاملهم كالمتعلمين العاديين فيشعر الموهوبون بالملل والضيق ويكرهون دروسه ويفرون من المناهج الخاصة بنفس السرعة التي يفرون بها من البرامج العادية (ص225)، ويتفق معهما المرسي (1992) عندما أكد على أن المعلم الكفء هو الذي يحترم الطلاب الموهوبين ويهيئ أمامهم الظروف المناسبة للتعلم، ويطور أدواته ومعلوماته، ويشجع على التعلم الذاتي ويقبل أفكارهم الجديدة، ويحترم حلولهم الغريبة للصعوبات التي تواجههم، ويحثهم على الإنجاز وحب الاستطلاع (ص196). بينما كان عدم اتفاق دراسة السيف (1998)، ودارسة الشخص (1990م) مع نتائج الدراسة الحالية عائد

كونها تمت قبل تطبيق برنامج الموهوبين المدرسي الذي تمحورت فكرته في تأهيل معلمين متفرغين في المدارس في مجال رعاية الموهوبين تحت مسمى معلم موهوبين تُناط بهم مسؤوليات متعددة تتركز في اكتشاف المواهب وتوجيهها من خلال برامج علمية تتناسب ومواهب الطلاب المتنوعة (الجغيمان، د.ت، ص11).

نتائج إجابة السؤال الثاني: هل هناك فروق ذات دلالة إحصائية بين متوسطات درجات الأدوار المرتبطة بتخطيط وتنفيذ وتقويم المنهج الإثرائي تعزى لمتغير مجال التخصص الأكاديمي؟

لمعرفة هل توجد فروق ذات دلالة إحصائية بين متوسطات استجابات مجتمع الدراسة على محاور الاستبانة تبعا لمتغير مجال التخصص الأكاديمي، تم استخدام اختبار (ت) وعرض النتائج في جدول رقم (7) كما يلي:

جدول رقم (7)

نتائج اختبار ت للمقارنة بين متوسطات

استجابات مجتمع الدراسة

تبعا لمتغير مجال التخصص الأكاديمي للمعلم

الدلالة الإحصائية	درجات الحرية	قيمة ت	الانحراف المعياري	المتوسط الحسابي	العدد	مجال لتخصص الأكاديمي	المحور
0.74	64	0.33	0.39	4.29	28	علوم طبيعية	أدوار معلمي الموهوبين لتخطيط المنهج الإثرائي
			0.37	4.26	38	علوم نظرية	
0.51	64	0.67	0.36	4.38	28	علوم طبيعية	أدوار معلمي الموهوبين أثناء تنفيذ المنهج الإثرائي
			0.37	4.44	38	علوم نظرية	
0.67	64	0.43	0.51	4.26	28	علوم طبيعية	أدوار معلمي الموهوبين بعد تنفيذ المنهج الإثرائي
			0.45	4.31	38	علوم نظرية	

المحور الأول: أدوار معلمي الموهوبين لتخطيط المنهج الإثرائي.

لوحظ أن المتوسطات الحسابية لاستجابات متخصصي (العلوم الطبيعيـة) و(العلوم النظريـة)هـي (4.29، 4.26) بانحرافات معيارية (0.39، 0.37) على التوالي. وكانـت قيمة (ت) هـي (0.33) وهي غير دالة إحصائياً عنـد مستوى دلالة (0.05)، وهذا يدل على عدم وجود فروق ذات دلالة إحصائية بين آراء

مجتمع الدراسة من متخصصي (العلوم طبيعية) و (العلوم نظرية)حول أدوار معلمي الموهوبين لتخطيط المنهج الإثرائي.

المحور الثاني: أدوار معلمي الموهوبين أثناء تنفيذ المنهج الإثرائي.

وجد أن المتوسطات الحسابية لاستجابات متخصصي (العلوم طبيعية) و(العلوم نظرية)هي (4.38، 4.44) بانحرافات معيارية (0.36، 0.37) على التوالي. وكانت قيمة (ت)هي (0.67) وهي غير دالة إحصائياً عند مستوى دلالة (0.05) وتدل على عدم وجود فروق ذات دلالة إحصائية بين آراء مجتمع الدراسة من متخصصي (العلوم طبيعية) و (العلوم نظرية)حول أدوار معلمي الموهوبين أثناء تنفيذ المنهج الإثرائي.

المحور الثالث: أدوار معلمي الموهوبين بعد تنفيذ المنهج الإثرائي.

كانت المتوسطات الحسابية لاستجابات (العلوم طبيعية) و (العلوم نظرية)هي (4.26، 4.31) بانحرافات معيارية (0.51، 0.45) على التوالي. وكانت قيمة (ت) هي (0.43) وهي غير دالة إحصائياً عند مستوى دلالة (0.05) مما يدل على عدم وجود فروق ذات دلالة إحصائية بين آراء مجتمع الدراسة من متخصصي (العلوم طبيعية) و(العلوم نظرية)حول أدوار معلمي الموهوبين بعد تنفيذ المنهج الإثرائي.

أشارت النتائج المتعلقة بهذا السؤال إلى عدم وجود أية فروق ذات دلالة إحصائية في أدوار معلمي الموهوبين المرتبطة بالمنهج الإثرائي التي تؤدى فعليا في برنامج الموهوبين المدرسي بمدارس التعليم العام كانت من وجهة نظر معلمي الموهوبين في مدارس التعليم العام تعزى لمتغير مجال التخصص الأكاديمي وذلك في جميع المحاور التي تم إخضاعها للدراسة، وهي أدوار معلمي الموهوبين عند تخطيط المنهج الإثرائي، وأدوار معلمي الموهوبين أثناء تنفيذ المنهج الإثرائي، وأدوار معلمي الموهوبين بعد تنفيذ المنهج الإثرائي.

ويعزو الباحث هذه النتيجة إلى إدراك معلمي الموهوبين للمنهجية التي يتبعونها عند تخطيط وتنفيذ وتقويم المنهج الإثرائي وقد يكون ذلك راجع لقوة اعتقادهم بإمكانية أداء تلك الأدوار والأداء المستمر لها.

وتتفق الدراسة الحالية مع دراسة البلوي (2007) التي هدفت إلى معرفة مدى امتلاك معلمي الموهوبين في المملكة العربية السعودية للكفايات التعليمية، وهل يوجد اختلاف في مستوى كفاياتهم التعليمية يعزى لمتغير الجنس والعمر والمؤهل العلمي واختلاف التخصص أو الخبرة العملية والخبرة في مجال رعاية الموهوبين، والتي أشارت إلى عدم وجود فروق ذات دلالة إحصائية عند مستوى (0.05) لمتغير الجنس والخبرة التعليمية والخبرة في مجال رعاية الموهوبين، والمؤهل العلمي والتخصص والعمر في مدى امتلاك معلمي الموهوبين في المملكة العربية السعودية للكفايات التعليمية.

كما تتفق الدراسة الحالية مع دراسة روعة صالح (2006) التي هدفت إلى معرفة فاعلية برنامج إثرائي في الاقتصاد المنزلي لتنمية التفكير الابتكاري للموهوبات مصمم وفق النموذج الإثرائي الفاعل والتي أشارت إلى فاعلية البرنامج الإثرائي في تنمية مهارات التفكير الابتكاري الطلاقة والمرونة والأصالة والتفاصيل.

وتتفق أيضا الدراسة الحالية مع ما توصلت إليه دراسة العنزي (2005) التي هدفت إلى التعرف على مدى فاعلية برنامج الموهوبين المدرسي من وجهة نظر كل من مديري ومديرات المدارس ومعلمي ومعلمات وأولياء أمور الطلاب الموهوبين في مجال الأهداف، ومجال أسلوب التنفيذ، ومجال طريقة التقويم والتي أشارت بأن برنامج الموهوبين المدرسي فاعلا في جميع الأبعاد التي خضعت للدراسة من وجهة نظر كل من مديري ومديرات المدارس ومعلمي ومعلمات وأولياء أمور الطلاب الموهوبين.

نتائج إجابة السؤال الثالث: ما الصعوبات المعيقة لمعلمي الموهوبين من أداء أدوارهم المرتبطة بتخطيط وتنفيذ وتقويم المنهج الإثرائي في برنامج الموهوبين المدرسي الملحق بمدارس التعليم العام؟

للإجابة على ذلك تم استخدام المتوسطات الحسابية، والانحرافات المعيارية، والترتيب النسبي للعبارات التي تقيس الصعوبات المعيقة لمعلمي الموهوبين من أداء أدوارهم المرتبطة بتخطيط وتنفيذ وتقويم المنهج الإثرائي في برنامج الموهوبين المدرسي الملحق بمدارس التعليم العام، وكذلك حساب المتوسط الحسابي العام لهذه العبارات، كالتالي:

جدول رقم (8)

المتوسطات الحسابية والانحرافات المعيارية

لاستجابات مجتمع الدراسة حول الصعوبات المعيقة لمعلمي الموهوبين

من أداء أدورهم المرتبطة بتخطيط وتنفيذ وتقويم المنهج الإثرائي

الاستجابة	الانحراف المعياري	المتوسط الحسابي	العبــارة	رقم العبارة	الترتيب
أوافق بشده	0.66	2.44	أحتاج تدريباً على كيفية تطوير السمات الشخصية التي يتبناها المهج الإثرائي لأتمكن من تنميتها لدى الطلاب الموهوبين.	12	1
أوافق بشده	0.64	2.35	أحتاج لمزيد من التدريب لكي أصل إلى المرحلة التي تمكنني من تحديد المحتوى العلمي المناسب وتدريب الطالب للحصول عليه باستخدام مهارات البحث العلمي ومهارات التعلم و مهارات التفكير المحددة لكل مستوى من مستويات البرنامج الإثرائي.	25	2
أوافق	0.77	2.32	أحتاج تدريباً على مهارات التفكير والإبداع التي يتبناها النموذج الإثرائي الفاعل لأتمكن من تنميتها لدى الطلاب الموهوبين	11	3

الترتيب	رقم العبارة	العبـــــارة	المتوسط الحسابي	الانحراف المعياري	الاستجابة
4	24	أعتمد على مصادري الخاصة و جهدي الشخصي في الحصول على المتطلبات القرطاسية والمكتبية الخاصة بغرف مصادر تعلم الموهوبين.	2.23	0.76	أوافق
5	27	أجد أن التجهيزات والمستلزمات التعليمية في غرفة مصادر الموهوبين كافية لتحقيق متطلبات المنهج الاثرائي.	2.21	0.81	أوافق
6	44	أجد أن عدم التعمق المتخصص أثناء التدريب عند تأهيلي في المرتكزات التي يعتمد عليها النموذج الإثرائي الفاعل يعيق من تطبيقي السليم ميدانياً .	2.18	0.58	أوافق
7	10	أجد أن عدم تدريبي بالقدر الكافي على المهارات الأساسية التي يتضمنها النموذج الإثرائي الفاعل يضعف أدائي عند التطبيق.	2.17	0.69	أوافق
8	15	أجد أن عدم تدريبي بالقدر الكافي على خصائص نمو الطلاب الموهوبين يحد من قدراتي على إشباع حاجاتهم النفسية والاجتماعية.	2.14	0.70	أوافق
9	17	أجد أن عدم وجود نماذج خاصة بإعداد الخطط التعليمية الفردية الخاصة بالطلاب الموهوبين يحد من تقديم الرعاية المناسبة لهم.	2.11	0.73	أوافق
10	43	أعتمد على الإدارة المدرسية في الحصول على المتطلبات القرطاسية والمكتبية الخاصة بغرف مصادر الموهوبين.	2.11	0.73	أوافق
11	37	أجد أن عدم تدريب الإدارة المدرسية على المنهج الاثرائي يعد من المعيقات الرئيسة التي تواجه البرنامج الإثرائي.	2.09	0.72	أوافق

الترتيب	رقم العبارة	العبـــــارة	المتوسط الحسابي	الانحراف المعياري	الاستجابة
12	26	أحتاج أن أتعرف بشكل متعمق على مركز مصادر التعلم بالمدرسة لتحقيق أهداف المنهج الإثرائي.	2.09	0.74	أوافق
13	7	أجد مقاومة من معلمي المدرسة عند تطبيق إستراتيجية ضغط المنهج.	2.03	0.80	أوافق
14	32	أجد أن ضعف أساليب التدريب عند تأهيلي في برامج مهارات البحث العلمي التي يعتمد عليها المنهج الاثرائي يعيق من تطبيقي السليم ميدانياً	2.03	0.68	أوافق
15	14	أجد أن عدم تدريبي على الأسئلة المثيرة للتفكير يفقدني القدرة على توجيه تفكير الطلاب الموهوبين نحوالهدف المراد تحقيقه.	2.02	0.71	أوافق
16	16	أجد أن عدم إلمامي بمفاهيم المناهج ونظرياتها يعيقني أثناء التخطيط للمنهج الإثرائي.	2.02	0.71	أوافق
17	31	أجد أن ضعف أساليب التدريب عند تأهيلي في برامج مهارات التعلم التي يعتمد عليها المنهج الاثرائي يعيق من تطبيقي السليم ميدانياً.	2.00	0.68	أوافق
18	34	أجد أن ضعف أساليب التدريب عند تأهيلي للعمل على تخطيط البرامج الإثرائية وفق منهجية النموذج الإثرائي الفاعل يعيق من تطبيقي السليم ميدانياً.	2.00	0.63	أوافق
19	33	أجد أن ضعف أساليب التدريب عند تأهيلي في برامج تطوير السمات الشخصية التي يعتمد عليها المنهج الاثرائي يعيق من تطبيقي السليم ميدانياً	1.98	0.59	أوافق
20	30	أجد أن ضعف أساليب التدريب عند تأهيلي في برامج التفكير التي يعتمد عليها النموذج الإثرائي الفاعل يعيق من تطبيقي السليم ميدانياً	1.98	0.67	أوافق

الترتيب	رقم العبارة	العبـــــــارة	المتوسط الحسابي	الانحراف المعياري	الاستجابة
21	35	أجد أن عدم مقدرتي على تشكيل فريق إثرائي في المدرسة يتفهم المهام المطلوبة منه تجاه الطلاب الموهوبين يعطل من تنفيذ مناشط البرنامج الإثرائي.	1.97	0.74	أوافق
22	29	أجد أن عدم تنفيذي للبحوث والدراسات الإجرائية يجعل فكرة البحث العلمي لدي هلامية وغير واضحة مما يعود سلباً على العمل مع الطلاب الموهوبين.	1.94	0.63	أوافق
23	4	أجد لدي ضعفاً في توظيف مفاهيم نظرية ستيرنبرغ في المنهج الإثرائي	1.92	0.73	أوافق
24	40	أجد أن عدم اكتمال أدوات الكشف عن الطلاب الموهوبين لدي يمنعني من معرفتهم.	1.91	0.80	أوافق
25	38	أجد أن عدم تمكني من تطبيق مهارات التفكير العليا في صورة أنشطة يحول دون ممارستها من قبل الطلاب الموهوبين.	1.88	0.69	أوافق
26	9	أجد المرشد الطلابي في المدرسة على وعي بالمطالب الإرشادية للطلاب الموهوبين.	1.88	0.69	أوافق
27	42	أجد أن عدم اكتمال أدوات تقويم البرنامج الإثرائي لدي يمنعني من تحقيق أهدافه.	1.86	0.63	أوافق
28	39	أجد أن عدم معرفتي لطبيعة العلوم المعرفية ومجالاتها في الحياة يمنعني من توظيفها بالطريقة التي يدعو لها النموذج الإثرائي الفاعل.	1.85	0.68	أوافق
29	3	أجد لدي ضعفاً في توظيف مفاهيم نظرية رينزولي في المنهج الإثرائي	1.82	0.74	أوافق
30	8	أجد الإدارة المدرسية مهتمة بتجهيز المستلزمات التعليمة لغرفة مصادر الموهوبين.	1.79	0.75	أوافق

الاستجابة	الانحراف المعياري	المتوسط الحسابي	العبارة	رقم العبارة	الترتيب
أوافق	0.63	1.77	أهتم بالتنقل المرحلي عبر المراحل الثلاث التي رسمها المنهج الإثرائي عند تطبيق البرنامج الإثرائي.	20	31
أوافق	0.63	1.77	أقدم تدريساً صريحًا يقوم على أساس إستراتيجية معينة لتعزيز المهارات	36	32
أوافق	0.71	1.74	أجد أن عدم إتقاني لكيفية كتابة الأهداف ينتج عنه وحدات إثرائية ضعيفة	18	33
أوافق	0.64	1.74	أهتم بتحقيق فكرة النموذج المنهج الإثرائي عند تخطيط البرنامج الإثرائي.	19	34
أوافق	0.73	1.68	أجد أن عدم تمكني من تصميم الشجرة المعرفية لموضوعات البرنامج الإثرائي يحد من قدراتي على تحديد الأهداف المعرفية المناسبة	28	35
لا أوافق	0.73	1.65	أجد لدي عدم حماس ذاتي في تقديم الإثراء للموهوبين وفق منهجية النموذج الإثرائي الفاعل.	41	36
لا أوافق	0.60	1.62	أجد لدي ضعفاً في توظيف مفاهيم النظرية البنائية في المنهج الإثرائي.	2	37
لا أوافق	0.73	1.56	أعتقد بأن لدي القدرة على توفير بيئة آمنة ومحفزة لتفكير الطلاب الموهوبين.	5	38
لا أوافق	0.68	1.55	أعجز عن تطبيق فلسفة مرحلة التميز لعدم تمكني من توجيه الطلاب مرحليا نحو المنتج المناسب.	23	39
لا أوافق	0.53	1.52	أعتقد بأهمية التدريب طويل المدى نسبيا على استراتيجيات التعلم التي يتبناها المهج الإثرائي.	13	40
لا أوافق	0.59	1.50	أجد لدي ضعفاً في فهم الإطار النظري للنموذج الإثرائي الفاعل.	1	41
لا أوافق	0.64	1.47	أجد مقاومة من الإدارة المدرسية عند إعداد جدول غرفة مصادر الموهوبين.	6	42

الاستجابة	الانحراف المعياري	المتوسط الحسابي	الــعــبــارة	رقم العبارة	الترتيب
لا أوافق	0.62	1.36	أعجز عن تطبيق فلسفة مرحلة الاستكشاف لعدم تمكني من إثارة الطلاب الموهوبين نحو المشكلات المراد حلها.	21	43
لا أوافق	0.56	1.33	أعجز عن تطبيق فلسفة مرحلة الإتقان لعدم تمكني من إعداد الأنشطة التدريبية التي ترسخ المهارات والمعارف المطلوب تحقيقها.	22	44
أوافق		1.90	المتوسط العام		

أشارت نتائج الجدول رقم (8) إلى أن الصعوبات المعيقة لمعلمي الموهوبين من أداء أدوارهم المرتبطة بتخطيط وتنفيذ وتقويم المنهج الإثرائي في برنامج الموهوبين المدرسي الملحق بمدارس التعليم العام كانت بدرجة (أوافق)، حيث بلغ المتوسط الحسابي العام لاستجابات مجتمع الدراسة (1.90) وهو متوسط يقع ضمن الفئة الثانية لمقياس ليكرت الثلاثي (2.34- 1.66) وهي الفئة التي تشير إلى الاستجابة (أوافق).

لوحظ أيضا وجود اختلاف في درجة استجابة أفراد المجتمع بالنسبة للعبارات التي تقيس الصعوبات المعيقة لمعلمي الموهوبين من أداء أدوارهم المرتبطة بتخطيط وتنفيذ وتقويم المنهج الإثرائي في برنامج الموهوبين المدرسي الملحق بمدارس التعليم العام، حيث تراوحت متوسطات استجابات مجتمع الدراسة من (1.33 – 2.44)، وهذه المتوسطات الحسابية تقع بين الفئات الأولى والثانية والثالثة لمقياس ليكرت الثلاثي والتي تشير إلى الاستجابات أوافق بشدة وأوافق ولا أوافق وبناءا على قيم المتوسطات الحسابية تم ترتيب هذه العبارات والتي تمثلها العبارات من (1- 44) بالاستبيان ترتيبا تنازليا كالتالي:

أ. العبارات التي كانت الاستجابة عليها بدرجة أوافق بشدة:

لوحظ وجود (2)عبارة كانت الاستجابة عليها بدرجة أوافق بشدة وجاءت في الترتيب (1 - 2)من بين العبارات التي تقيس الصعوبات المعيقة لمعلمي الموهوبين من أداء أدوارهم المرتبطة بتخطيط وتنفيذ وتقويم المنهج الإثرائي في برنامج الموهوبين المدرسي الملحق بمدارس التعليم العام. وكانت على النحو التالي:

جاءت العبارة (أحتاج تدريباً على كيفية تطوير السمات الشخصية التي يتبناها المنهج الإثرائي لأتمكن من تنميتها لدى الطلاب الموهوبين) والتي تمثلها العبارة رقم (12) بالمرتبة الأولى من بين بمتوسط حسابي (2.44)، كانت العبارة (أحتاج لمزيد من التدريب لكي أصل إلى المرحلة التي تمكنني من تحديد المحتوى العلمي المناسب وتدريب الطالب للحصول عليه باستخدام مهارات البحث العلمي ومهارات التعلم و مهارات التفكير المحددة لكل مستوى من مستويات المنهج الإثرائي) والتي تمثلها العبارة رقم (25) بالمرتبة الثانية بمتوسط حسابي (2.35).

ب. العبارات التي كانت الاستجابة عليها بدرجة أوافق:

لوحظ وجود (33)عبارة كانت الاستجابة عليها بدرجة أوافق وجاءت في الترتيب من (3 - 35)من بين العبارات التي تقيس الصعوبات المعيقة لمعلمي الموهوبين من أداء الأدوار المرتبطة بتخطيط وتنفيذ وتقويم المنهج الإثرائي في برنامج الموهوبين المدرسي المحلق بمدارس التعليم العام. وكانت على النحو التالي:

ولوحظ أن العبارة (أحتاج تدريباً على مهارات التفكير والإبداع التي يتبناها المنهج الإثرائي لأتمكن من تنميتها لدى الطلاب الموهوبين) والتي تمثلها العبارة رقم (11)جاءت بالمرتبة الثالثة حيث كان المتوسط الحسابي يساوي (2.32). وكانت العبارة (أعتمد على مصادري الخاصة و جهدي الشخصي في الحصول على المتطلبات القرطاسية والمكتبية الخاصة بغرف مصادر تعلم الموهوبين) والتي تمثلها العبارة رقم (24)جاءت بالمرتبة الرابعة بمتوسط حسابي يساوي (2.23).

بينما كانت العبارة (أجد أن التجهيزات والمستلزمات التعليمية في غرفة مصادر الموهوبين كافية لتحقيق متطلبات النموذج الإثرائي الفاعل) والتي تمثلها العبارة رقم (27) بالمرتبة الخامسة بمتوسط حسابي (2.21)، في حين كانت العبارة (أجد أن عدم التعمق المتخصص أثناء التدريب عند تأهيلي في المرتكزات التي يعتمد عليها المنهج الإثرائي يعيق من تطبيقي السليم ميدانياً) والتي تمثلها العبارة رقم(44) بالمرتبة السادسة بمتوسط حسابي (2.18).جاءت العبارة (أجد أن عدم تدريبي بالقدر الكافي على المهارات الأساسية التي يتضمنها المنهج الإثرائي يضعف أدائي عند التطبيق) والتي تمثلها العبارة رقم (10) بالمرتبة السابعة حيث كان المتوسط الحسابي لها يساوي (2.17). كانت العبارة (أجد أن عدم تدريبي بالقدر الكافي على خصائص نمو الطلاب الموهوبين يحد من قدراتي على إشباع حاجاتهم النفسية والاجتماعية) والتي تمثلها العبارة رقم (15) بالمرتبة الثامنة بمتوسط حسابي (2.14)، كانت العبارة (أجد أن عدم وجود نماذج خاصة بإعداد الخطط التعليمية الفردية الخاصة بالطلاب الموهوبين يحد من تقديم الرعاية المناسبة لهم) والتي تمثلها العبارة رقم (17) بالمرتبة التاسعة بمتوسط حسابي (2.11)، بينما العبارة (أعتمد على الإدارة المدرسية في الحصول على المتطلبات القرطاسية والمكتبية الخاصة بغرف مصادر الموهوبين) والتي تمثلها العبارة رقم (43) بالمرتبة العاشرة وذلك بمتوسط حسابي (2.11). ولوحظ أن العبارة (أجد أن عدم تدريب الإدارة المدرسية على المنهج الاثرائي يعد من المعيقات الرئيسة التي تواجه البرنامج الإثرائي) والتي تمثلها العبارة رقم (37) جاءت بالمرتبة الحادية عشر حيث كان المتوسط الحسابي يساوي (2.09). بينما كانت العبارة (أحتاج أن أتعرف بشكل متعمق على مركز مصادر التعلم بالمدرسة لتحقيق أهداف المنهج الإثرائي) والتي تمثلها العبارة رقم (26) بالمرتبة الثانية عشر بمتوسط حسابي يساوي (2.09). في حين كانت العبارة (أجد مقاومة من معلمي المدرسة عند تطبيق إستراتيجية ضغط

المنهج) والتي تمثلها العبارة رقم (7) بالمرتبة الثالثة عشر وذلك بمتوسط حسابي (2.03). كانت العبارة (أجد أن ضعف أساليب التدريب عند تأهيلي في برامج مهارات البحث العلمي التي يعتمد عليها المنهج الإثرائي يعيق من تطبيقي السليم ميدانياً) والتي تمثلها العبارة رقم (32) بالمرتبة الرابعة عشر بمتوسط حسابي (2.03)، بينما العبارة (أجد أن عدم تدريبي على الأسئلة المثيرة للتفكير يفقدني القدرة على توجيه تفكير الطلاب الموهوبين نحو الهدف المراد تحقيقه) والتي تمثلها العبارة رقم (14) بالمرتبة الخامسة عشر وذلك بمتوسط حسابي (2.02).جاءت العبارة (أجد أن عدم إلمامي بمفاهيم المناهج ونظرياتها يعيقني أثناء التخطيط للمنهج الإثرائي) والتي تمثلها العبارة رقم (16) بالمرتبة السادسة عشر بمتوسط حسابي (2.02). في حين احتلت العبارة (أجد أن ضعف أساليب التدريب عند تأهيلي في برامج مهارات التعلم التي يعتمد عليها النموذج الإثرائي الفاعل يعيق من تطبيقي السليم ميدانياً) والتي تمثلها العبارة رقم (31) بالترتيب السابعة عشر وذلك بمتوسط حسابي (2.00). ولوحظ أن العبارة (أجد أن ضعف أساليب التدريب عند تأهيلي للعمل على تخطيط البرامج الإثرائية وفق منهجية المنهج الاثرائي يعيق من تطبيقي السليم ميدانياً) والتي تمثلها العبارة رقم (34) جاءت بالمرتبة الثامنة عشر حيث كان المتوسط الحسابي يساوي (2.00). بينما كانت العبارة (أجد أن ضعف أساليب التدريب عند تأهيلي في برامج تطوير السمات الشخصية التي يعتمد عليها النموذج الإثرائي الفاعل يعيق من تطبيقي السليم ميدانياً) والتي تمثلها العبارة رقم (33) بالمرتبة التاسعة عشر بمتوسط حسابي يساوي (1.98).في حين كانت العبارة (أجد أن ضعف أساليب التدريب عند تأهيلي في برامج التفكير التي يعتمد عليها المنهج الاثرائي يعيق من تطبيقي السليم ميدانياً) والتي تمثلها العبارة رقم (30) بالمرتبة العشرين وذلك بمتوسط حسابي (1.98). كانت العبارة (أجد أن عدم مقدرتي على تشكيل فريق إثرائي في المدرسة يتفهم المهام المطلوبة منه تجاه

الطلاب الموهوبين يعطل من تنفيذ مناشط البرنامج الإثرائي) والتي تمثلها العبارة رقم (35) بالمرتبة الحادية والعشرين بمتوسط حسابي (1.97)، بينما العبارة (أجد أن عدم تنفيذي للبحوث والدراسات الإجرائية يجعل فكرة البحث العلمي لدي هلامية وغير واضحة مما يعود سلباً على العمل مع الطلاب الموهوبين) والتي تمثلها العبارة رقم (29) بالمرتبة الثانية والعشرين وذلك بمتوسط حسابي (1.94). كانت العبارة (أجد لدي ضعفاً في توظيف مفاهيم نظرية ستيرنبرغ في النموذج الإثرائي الفاعل) والتي تمثلها العبارة رقم (4) بالمرتبة الثالثة والعشرين بمتوسط حسابي (1.92)، جاءت العبارة (أجد أن عدم اكتمال أدوات الكشف عن الطلاب الموهوبين لدي يمنعني من معرفتهم) والتي تمثلها العبارة رقم (40) بالمرتبة الرابعة والعشرين بمتوسط حسابي (1.91)، كانت العبارة (أجد أن عدم تمكني من تطبيق مهارات التفكير العليا في صورة أنشطة يحول دون ممارستها من قبل الطلاب الموهوبين) والتي تمثلها العبارة رقم (38) بالمرتبة الخامسة والعشرين بمتوسط حسابي (1.88)، أما العبارة (أجد المرشد الطلابي في المدرسة على وعي بالمطالب الإرشادية للطلاب الموهوبين) والتي تمثلها العبارة رقم (9) جاءت بالمرتبة السادسة والعشرين حيث كان المتوسط الحسابي يساوي (1.88). وكانت العبارة (أجد أن عدم اكتمال أدوات تقويم البرنامج الإثرائي لدي يمنعني من تحقيق أهدافه) والتي تمثلها العبارة رقم (42) جاءت بالمرتبة السابعة والعشرين بمتوسط حسابي يساوي (1.86). بينما كانت العبارة (أجد أن عدم معرفتي لطبيعة العلوم المعرفية ومجالاتها في الحياة يمنعني من توظيفها بالطريقة التي يدعو لها المنهج الإثرائي) والتي تمثلها العبارة رقم (39) بالمرتبة الثامنة والعشرين بمتوسط حسابي (1.85)، في حين كانت العبارة (أجد لدي ضعفاً في توظيف مفاهيم نظرية ستيرنبرغ في المنهج الإثرائي) والتي تمثلها العبارة رقم (3) بالمرتبة التاسعة والعشرين بمتوسط حسابي (1.82). جاءت العبارة (أجد الإدارة المدرسية مهتمة بتجهيز المستلزمات التعليمة

لغرفة مصادر الموهوبين) والتي تمثلها العبارة رقم (8) بالمرتبة الثلاثين حيث كان المتوسط الحسابي لها يساوي (1.79). كانت العبارة (أهتم بالتنقل المرحلي عبر المراحل الثلاث التي رسمها النموذج الإثرائي الفاعل عند تطبيق البرنامج الإثرائي) والتي تمثلها العبارة رقم (20) بالمرتبة الحادي والثلاثين بمتوسط حسابي (1.77)، كانت العبارة (أقدم تدريساً صريحًا يقوم على أساس إستراتيجية معينة لتعزيز المهارات) والتي تمثلها العبارة رقم (36) بالمرتبة الثانية والثلاثين بمتوسط حسابي (1.77)، بينما العبارة (أجد أن عدم إتقاني لكيفيية كتابة الأهداف ينتج عنه وحدات إثرائية ضعيفة) والتي تمثلها العبارة رقم (18) بالمرتبة الثالثة والثلاثين وذلك بمتوسط حسابي (1.74). ولوحظ أن العبارة (أهتم بتحقيق فكرة النموذج الإثرائي الفاعل عند تخطيط المنهج الإثرائي) والتي تمثلها العبارة رقم (19) جاءت بالمرتبة الرابعة والثلاثين حيث كان المتوسط الحسابي يساوي (1.74). بينما كانت العبارة (أجد أن عدم تمكني من تصميم الشجرة المعرفية لموضوعات البرنامج الإثرائي يحـد من قدراتي على تحديد الأهداف المعرفية المناسبة) والتي تمثلها العبـارة رقم (28) بالمرتبة الخامسة والثلاثين بمتوسط حسابي يساوي (1.68).

جـ العبارات التي كانت الاستجابة عليها بدرجة لا أوافق:

لوحظ وجود (9 عبارات) كانت الاستجابة عليها بدرجة لا أوافق وجاءت في الترتيب من (36-44) من بين العبارات التي تقيس الصعوبات المعيقة لمعلمي الموهوبين من أداء أدوارهم المرتبطة بتخطيط وتنفيذ وتقويم المنهج الإثرائي في برنامج الموهوبين المدرسي الملحق بمدارس التعليم العام. وكانت على النحو التالي:

كانت العبارة (أجد لدي عدم حماس ذاتي في تقديم الإثراء للموهوبين وفق النموذج الإثرائي الفاعل) والتي تمثلها العبارة رقم (41) بالمرتبة السادسة والثلاثين وذلك بمتوسط حسابي (1.65). كانت العبارة (أجد لدي ضعفاً في توظيف مفاهيم النظرية البنائية في المنهج الاثرائي) والتي تمثلها العبارة رقم (2) بالمرتبة السابعة

والثلاثين بمتوسط حسابي (1.62)، بينما العبارة (أعتقد بأن لدي القدرة على توفير بيئة آمنة ومحفزة لتفكير الطلاب الموهوبين) والتي تمثلها العبارة رقم (5) بالمرتبة الثامنة والثلاثين وذلك بمتوسط حسابي (1.56). جاءت العبارة (أعجز عن تطبيق فلسفة مرحلة التميز لعدم تمكني من توجيه الطلاب مرحليا نحو المنتج المناسب) والتي تمثلها العبارة رقم (23) بالمرتبة التاسعة والثلاثين وذلك بمتوسط حسابي (1.55). جاءت العبارة(أعتقد بأهمية التدريب طويل المدى نسبيا على استراتيجيات التعلم التي يتبناها المنهج الاثرائي) والتي تمثلها العبارة رقم (13) بالمرتبة والأربعين حيث كان المتوسط الحسابي لها يساوي (1.52).

كانت العبارة (أجد لدي ضعفاً في فهم الإطار النظري للنموذج الإثرائي الفاعل) والتي تمثلها العبارة رقم (1) بالمرتبة الحادي والأربعين بمتوسط حسابي (1.50)، كانت العبارة (أجد مقاومة من الإدارة المدرسية عند إعداد جدول غرفة مصادر الموهوبين) والتي تمثلها العبارة رقم (6) بالمرتبة الثانية والأربعين بمتوسط حسابي (1.47)، بينما العبارة (أعجز عن تطبيق فلسفة مرحلة الاستكشاف لعدم تمكني من إثارة الطلاب الموهوبين نحو المشكلات المراد حلها) والتي تمثلها العبارة رقم (21)بالمرتبة الثالثة والأربعين وذلك بمتوسط حسابي (1.36). ولوحظ أن العبارة (أعجز عن تطبيق فلسفة مرحلة الإتقان لعدم تمكني من إعداد الأنشطة التدريبية التي ترسخ المهارات والمعارف المطلوب تحقيقها) والتي تمثلها العبارة رقم (22) جاءت بالمرتبة الرابعة والأربعين حيث كان المتوسط الحسابي يساوي (1.33).

تبين من نتائج هذا السؤال أن هناك موافقة على الصعوبات المعيقة لمعلمي الموهوبين من أداء أدوارهم المرتبطة بتخطيط وتنفيذ وتقويم المنهج الإثرائي في برنامج الموهوبين المدرسي المحلق بمدارس التعليم العام من وجهة نظرهم مع اختلاف في ذلك على تسعة عبارات لم تمثل معوقا من وجهة نظرهم.

ويفسر الباحث ذلك لنتائج الإجابة على السؤال الأول الذي أشار إلى تمكن معلمي الموهوبين من أداء أدوارهم المرتبطة بتخطيط وتنفيذ وتقويم المنهج الإثرائي في برنامج الموهوبين المدرسي والذي يرجعه الباحث لقوة اعتقادهم بإمكانية تنفيذ تلك الأدوار حيث أن العبارات التي لم يتم الاتفاق على أنها تمثل معوقا تمحورت حول موضوع فاعلية التأهيل وحسن التخطيط وسلامة التنفيذ ودافعية الأداء وهذا ينسجم مع ما ورد في نتائج السؤال الأول حول الأدوار وأيضا مع نتائج السؤال الثاني حول اثر مجال التخصص الأكاديمي.

وتتفق الدراسة الحالية مع دراسة الشرفي (2003) التي هدفت إلى التعرف على معوقات رعاية الموهوبين في المدارس الابتدائية المنفذة لبرنامج رعاية الموهوبين و الفروق بين رأي المعلمين والمشرفين حول هذه المعوقات وفقا لمتغيرات الوظيفة والخبرة والمؤهل الدراسي، وتبين من نتائج الدراسة أن معوقات رعاية الموهوبين كانت تبعا للأهمية على النحو التالي: البيئة المدرسية، والمناهج، والتخصص، والمعوقات الإدارية، والمعوقات المالية، والمعوقات الأسرية, والمعوقات المرتبطة بالمعلمين، والمعوقات المرتبطة بالطلاب كما تبين عدم وجود فروق ذات دلالة إحصائية تعزى لمتغير الوظيفة ووجود فروق ذات دلالة إحصائية بين آرائهم في المعوقات المتعلقة بالبيئة المدرسية تبعا لمتغير المؤهل العلمي، وكذلك عدم وجود أي فروق ذات دلالة إحصائية بين آراء المعلمين والمشرفين التربويين في باقي معوقات رعاية الموهوبين تعزى لمتغير المؤهل العلمي.

وتتفق الدراسة الحالية مع دراسة الخالدي (2002) التي هدفت إلى تقويم برامج مراكز الموهوبين في المملكة العربية السعودية من وجهة نظر المشرفين والمعلمين كما أظهرت وجود عدد من المشكلات الخاصة التي تواجه مراكز رعاية الموهوبين وعلى رأسها انعدام أساليب التقويم لجميع مراحل البرنامج وكذلك وجود مركزية إدارية معيقة لعمل تلك المراكز كما تبين عدم توفر حوافز للطلاب

الموهوبين في المراكز وان علاقة المراكز بالموهوبين تنتهي بتخرج الطالب الموهوب من المرحلة الثانوية،ووجود نقص مادي كبير لتنفيذ نشاطات المركز التي من شانها تحقق أهداف رعاية الموهوبين.

وتتفق الدراسة الحالية مع دراسة آمنة بنجر (2002) التي هدفت إلى البحث عن مدى رعاية التلميذات الموهوبات في مرحلة التعليم الابتدائي من خلال الأنشطة اللاصفية وتنظيمها والصعوبات التي تعوق ممارستها في المدارس الابتدائية الحكومية والأهلية بمدينة الرياض في المملكة العربية السعودية من وجهة نظر كل من المعلمات و الموجهات التربويات القائمات على العمل في هذه المرحلة في ضوء الخبرة العملية. وقد وقفت الدراسة على مجموعة من الصعوبات التي تعوق ممارسة الأنشطة اللاصفية من أهمها كثرة الأعمال الموكلة للمعلمة وانشغال الطالبات بالاستذكار و الامتحانات وعدم وعي الطالبات بأهمية النشاط وعدم توافر الإمكانات المادية للمدرسة وسوء فهم أولياء الأمور لأهمية النشاط.

واتفقت الدراسة الحالية مع دراسة أحلام عبد الغفار (2003) التي هدفت إلى التعرف على واقع الرعاية التربوية للمتفوقين دراسيا في التعليم الثانوية العام وبينت أن التحاق الطلاب بالفصول ومدرسة المتفوقين يتم بدون أن يعلم شيئا عن نظامها.

كما اتفقت أيضاً الدراسة الحالية مع دراسة السيف (1998) التي هدفت إلى التعرف على الدور الواقعي والمأمول للإدارة المدرسية في الكشف عن الطلاب الموهوبين ورعايتهم في مدينة الرياض، وكذلك التعرف على المعوقات التي تحد من فاعلية قيام الإدارة المدرسية بدورها تجاه الطلاب الموهوبين، وبينت الدراسة أن أكثر معوقات رعاية الموهوبين انتشارا في المدارس الابتدائية هي قلة إمكانيات المدرسة من حيث المباني والأثاث والملاعب، وكذلك كثرة الأعباء الإدارية الملقاة على عاتق الإدارة المدرسية، وعدم وجود خبراء في مجال رعاية الموهوبين. أما

أقل المعيقات انتشارا في عدم امتلاك مديري المدارس مهارات تسهم في تخطيط برامج الموهوبين، وعدم كفاية ساعات الدوام لتنفيذ برامج الموهوبين.

توصيات الدراسة:

وفي ضوء نتائج الدارسة يوصي الباحث بما يلي:

- الاستمرارية في برنامج الموهوبين المدرسي وتقديم خدماته على نطاق واسع مع إدخال خدمات الإسراع والإرشاد.

- العمل على إزالة كافة الصعوبات التي تحول دون أداء معلمي الموهوبين لأدوارهم المرتبطة بتخطيط وتنفيذ وتقويم المنهج الإثرائي في برنامج الموهوبين المدرسي الملحق بمدارس التعليم العام.

- إعداد برامج تدريبية لمعلمي الموهوبين أثناء الخدمة على شكل دبلوم تربوي عالي.

الدراسات والبحوث المقترحة:

- القيام بدراسة مماثلة للدراسة الحالية من وجهة نظر المشرفين التربويين.

- القيام بدراسة مماثلة للدراسة الحالية من وجهة نظر الطلاب الموهوبين.

- إجراء دراسة حول اتجاهات معلمي الموهوبين نحو برنامج الموهوبين المدرسي.

- إجراء دارسة عن الموهوبين ذوي صعوبات التعلم وإعداد البرامج التربوية لهم.

- إجراء دراسة عن الموهوبين ممن يعانون من الإعاقة البصرية أو السمعية.

- إجراء دراسة عن واقع الإرشاد المدرسي وتحقيقه لمتطلبات الموهوبين النفسية والاجتماعية.

- إجراء دراسة عن تصميم غرفة مصادر الموهوبين والتعليم الإلكتروني ونظريات التعليم الحديثة.

المراجــع

1. إبراهيم، مجدي عزيز (2003): مناهج تعليم ذوي الاحتياجات الخاصة، القاهرة، الانجلو المصرية.

2. استيورت، جاك سي (1996): إرشاد الآباء ذوي الأطفال غير العاديين، ترجمة: عبد الصمد الأغبري وفريدة آل مشرف، الرياض، جامعة الملك سعود.

3. أبو سماحة، كمال وآخرون (1992): تربية الموهوبين والتطوير التربوي، عمان، دار الفرقان.

4. أبو النصر، مدحت (2004): رعاية أصحاب القدرات الخاصة، القاهرة، مجموعة النيل العربية.

5. اري، دونالد وآخرون (2004): مقدمة للبحث في التربية، ترجمة: سعد الحسني، العين، دار الكتاب الجامعي.

6. الإدارة العامة للموهوبين (2007): الإيضاحات التنظيمية، الرياض.

7. الإدارة العامة لرعاية الموهوبين والموهوبات (2006): برنامج رعاية الموهوبين والموهوبات في مدارس التعليم العام، الرياض.

8. الإدارة العامة لرعاية الموهوبين والموهوبات (2005): دليل الإدارة العامة لرعاية الموهوبين والموهوبات، الرياض، مؤسسة الملك عبدالعزيز ورجاله لرعاية الموهوبين.

9. باسكا، جويسي فان تاسيل و ستامبا، تامرا (2007): المنهج الشامل للطلبة الموهوبين، ترجمة: حسين أبو رياش وآخرون، عمان، دار الفكر.

10. بخيت، ماجدة هاشم (2007): الضغوط النفسية للطلاب المتفوقين دراسيا والعاديين بالصف الأول الثانوي وعلاقتها ببعض المتغيرات، المؤتمر العلمي

الأول لقسم الصحة النفسية بكلية التربية، جامعة بنها 14-16 يوليو، القليوبيه، ص673 -.747

11. البسطامي، غانم جاسر (1995): المناهج والأساليب في التربية الخاصة، الكويت، مكتبة الفلاح.

12. البطاينه، أسامة محمد، وآخرون (2007): علم نفس الطفل غير العادي، عمان، دار المسيرة.

13. بطرس، بطرس حافظ (2007): إرشاد ذوي الحاجات الخاصة وأسرهم، عمان، دار المسيرة.

14. البلوي، عبدالله ابو شامه (2007): مدى امتلاك معلمي الموهوبين في المملكة العربية السعودية للكفايات التعليمة، رسالة ماجستير غير منشورة، عمان، جامعة البلقاء التطبيقة.

15. بنجر، آمنه ارشد (2002م) دور الأنشطة اللاصفية في رعاية التلميذات الموهوبات السعوديات في المرحلة الابتدائية من وجهة نظر تربوية،مجلة رسالة الخليج العربي – العدد الثاني والثمانون، ص 63-.100

16. التويجري، محمد عبدالمحسن ومنصور، عبدالمجيد سيد (2000): الموهوبون آفاق الرعاية والتأهيل بين الواقعين العربي والعالمي، الرياض، مكتبة العبيكان.

17. جابر، جابر عبدالحميد (2006): حجرة الدراسة الفارقة والبنائية، القاهرة، علم الكتب.

18. جابر، جابر عبدالحميد (2003): الذكاءات المتعددة والفهم تنمية وتعميق، القاهرة، دار الفكر العربي.

19. الجاسم، فاطمة احمد (1994): أثر برنامج تدريبي في إستراتيجية حل المشكلات إبداعيا على تنمية قدرات التفكير الإبداعي لدى عينة من الطلاب

المتفوقين. رسالة ماجستير غير منشورة،البحرين، كلية التربية بجامعة الخليج العربي.

20. جروان، فتحي عبدالرحمن (2002): أساليب الكشف عن الموهوبين ورعايتهم، عمان، دار الفكر.

21. الجديبي، رأفت محمد على (2004): رعاية الموهوبين في ظل منهج التربية الإسلامية، جدة.

22. الجغيمان، عبدالله محمد (د.ت): برنامج رعاية الموهوبين المدرسي، الرياض، مؤسسة الملك عبدالعزيز ورجاله لرعاية الموهوبين.

23. الجغيمان، عبدالله محمد (2008): تربية الموهوبين في برامج تكوين المعلمين، ورقة عمل مقدمة للمؤتمر التربوي السادس لوزراء التربية والتعليم في الوطن العربي 1-3 مارس، الرياض، المنظمة العربية للتربية والثقافة والعلوم.

24. جلاتهورن، ألن أ وفورسمان، سكوت (1995): قيادة المنهج، ترجمة: إبراهيم محمد الشافعي وآخرون، الرياض، جامعة الملك سعود.

25. الجهني، فايز سويلم (2008): ادوار وصعوبات معلمي الموهوبين المرتبطة بتخطيط وتنفيذ وتقويم المنهج الإثرائي في برنامج الموهوبين المدرسي بمدارس التعليم العام، رسالة ماجستير غير منشورة، مكة المكرمة، كلية التربية بجامعة أم القرى.

26. حسين، محمد عبدالهادي (2005): مدخل إلى نظرية الذكاءات المتعددة، العين، دار الكتاب الجامعي.

27.الحروب، انس (1999): نظريات و برامج في تربية المتميزين والموهوبين، عمان، دار الشروق.

28. حواشين، زيد نجيب وحواشين، مفيد نجيب (1998): تعليم الأطفال الموهوبين، عمان، دار الفكر.

29. الخالدي، عادي كريم (2002): تقويم برامج مراكز الموهوبين من وجهة نظر المشرفين التربويين والمعلمين والمختصين، رسالة ماجستير غير منشورة، مكة المكرمة، كلية التربية بجامعة أم القرى.

30. الخطيب، جمال وآخرون(2007): مقدمة في تعليم الطلبة ذوي الحاجات الخاصة، عمان، دار الفكر.

31. الخوالدة، محمد محمود (2004): أسس بناء المناهج التربوية وتصميم الكتاب التعليمي، عمان، دار المسيرة.

32. خوري، توما جورج (2002): الطفل الموهوب والطفل بطيء التعلم، بيروت، مجد المؤسسة الجامعية للدراسات والنشر والتوزيع.

33. رينزولي، جوزيف وريس، سالي (2006): النموذج الإثرائي المدرسي، ترجمة صفاء الأعسر وآخرون، القاهرة، دار الفكر العربي.

34. ريم، سيلفا ودافيس، جاري (2001): تعليم الموهوبين والمتفوقين، ترجمة: عطوف محمود ياسين، دمشق، المركز العربي.

35. الزعبي، أحمد محمد (2005): التربية الخاصة للموهوبين والمعوقين وسبل رعايتهم وإرشادهم، الرياض، مكتبة الرشد.

36. ـــــــــــ(2003): التربية الخاصة للموهوبين والمعوقين وسبل رعايتهم وإرشادهم، دمشق، دار الفكر.

37. زيتون، كمال عبدالحميد (2004): تدريس العلوم للفهم رؤية بنائية، القاهرة، عالم الكتب.

38. ـــــــــــ(2003): التدريس لذوي الاحتياجات الخاصة، عالم الكتب.

39. الزيات، فتحي مصطفى (2002): المتفوقون عقليا ذوو صعوبات التعلم، القاهرة، دار النشر للجامعات.

40. ديكسون، كاثي وآخرون (2000): موهوبون ولكن في خطر، ترجمة: بشير العيسوي، الرياض، دار المعرفة.

41. ساوس، ديفيد (2006): كيف يتعلم المخ الموهوب، ترجمة: وليد خليفة ومراد عيسى، القاهرة، زهراء الشرق.

42. السرور، ناديا هايل (2003): مدخل إلى تربية المتميزين والموهوبين، عمان، دار الفكر.

43. سعادة، جودت احمد وابراهيم، عبدالله محمد (2004): المنهج المدرسي المعاصر، عمان، دار الفكر.

44. سلامة، عبدالحافظ و أبو مغلي، سمير (2002): الموهبة والتفوق، عمان، دار اليازوري.

45. السويدي، خليفة على، والخليلي، خليل يوسف (1997): المنهاج مفهومه وتصميمه وتنفيذه و صيانته، دبي، دار القلم.

46. السيف، مبارك سالم (1998م): دور الإدارة المدرسة في رعاية الطلاب الموهوبين بين الواقع والمأمول. رسالة ماجستير غير منشورة، الرياض، جامعة الملك سعود.

47. سيد، على احمد وسالم، احمد محمد (2003): التقويم في المنظومة التربوية، الرياض، مكتبة الرشد.

48. سلفرمان، ليندا كريقر (2004): إرشاد الموهوبين والمتفوقين، ترجمة: سعيد حسني العزة، عمان، دار الثقافة.

49. سليمان، علي السيد (1999): مقدمة في البرامج التربوية للموهوبين والمتفوقين عقليا، الرياض، مكتبة الصفحات الذهبية.

50. السليمان، نورة إبراهيم (2006): التفوق العقلي والموهبة والإبداع، الرياض.

51. السميري، لطيفة صالح (1997): النماذج في بناء المناهج، الرياض، دار عالم الكتاب.

52. آل شارع، عبدالله النافع، وآخرون (2000): برنامج الكشف عن الموهوبين ورعايتهم، الرياض، مدينة الملك عبدالعزيز للعلوم والتقنية.

53. آل شارع، عبدالله النافع (2002): اكتشاف الموهبة ورعاية الموهوبين، الرياض، مكتب التربية العربي.

54. الشخص، عبدالعزيز السيد (1990): الطلبة الموهوبون في التعليم العام بدول الخليج العربي أساليب اكتشافهم وسبل رعايتهم، الرياض، مكتب التربية العربي لدول الخليج.

55. الشرقي، عبدالرحمن محمد علي (2003): دراسة وصفية لتحديد معوقات رعاية الموهوبين في المدارس الابتدائية المنفذة لبرنامج رعاية الموهوبين بمدينة الطائف من وجهة نظر المعلمين والمشرفين التربويين، رسالة ماجستير غير منشورة، مكة المكرمة، كلية التربية بجامعة أم القرى.

56. شقير، زينب محمود (2002): رعاية المتفوقين والموهوبين والمبدعين، القاهرة، مكتبة النهضة المصرية.

57. الشيخلي، خالد خليل (2005): الأطفال الموهوبون والمتفوقون أساليب اكتشافهم وطرائق رعايتهم، العين، دار الكتاب الجامعي.

58. الشهري، سالم سعيد (2003): التخطيط لبرامج تربية الموهوبين، الطائف.

59. صالح، روعة (2006): فاعلية برنامج إثرائي في الاقتصاد المنزلي لتنمية التفكير الإبتكاري للموهوبات، المؤتمر العلمي الإقليمي للموهبة، الدراسات العلمية المحكمة 26-30 أغسطس، جدة، مؤسسة الملك عبدالعزيز ورجاله لرعاية الموهوبين، ص371 -418.

60. صالح، ماهر (2006): مهارات الموهوبين ووسائل تنمية قدراتهم الإبداعية، عمان، دار أسامة.

61. الصاعدي، ليلى سعد (2007): التفوق والموهبة والإبداع واتخاذ القرار، عمان، دار الحامد للنشر والتوزيع.

62. الضبع، محمود (2006): المناهج التعليمية صناعتها وتقويمها، القاهرة، الانجلو المصرية.

63. عامر، طارق عبدالرؤوف (2007):دراسات في التفوق والموهبة والإبداع والابتكار، عمان، دار اليازوري.

64. عامر، طارق عبدالرؤوف (1999): المتطلبات التربوية للمتفوقين في الحلقة الثانية من التعليم الأساسي، رسالة ماجستير منشورة، القاهرة، كلية التربية بجامعة الأزهر.

65. عبيد، ماجدة السيد (2001): مناهج وأساليب تدريس ذوي الحاجات الخاصة، عمان، دار صفاء.

66. عبيدات، ذوقان وآخرون (2004): البحث العلمي مفهومه وأدواته وأساليبه، عمان، دار الفكر.

67. عبيدات، ذوقان عبدالله وعقل، محمود عطا (2007): كيف تتعامل مع أبنائك الموهوبين والمبدعين والمتفوقين، الرياض، مكتب التربية العربي لدول الخليج.

68. عيسى، مراد علي وخليفة، وليد السيد (2007): كيف يتعلم المخ الموهوب ذو صعوبات التعلم، الإسكندرية، دار الوفاء لدنيا الطباعة والنشر.

69. عبدالغفار، أحلام رجب (2003): الرعاية التربوية للمتفوقين دراسيا، القاهرة، دار الفجر.

70. العزة، سعيد حسني (2002): تربية الموهوبين والمتفوقين، عمان، الدار العلمية الدولية.

71. العنزي، حمدان علي (2005): مدى فاعلية برنامج رعاية الموهوبين بمدراس التعليم العام الابتدائية من وجهة نظر مديري المدارس ومعلمي الطلبة الموهوبين وأولياء أمورهم بالمملكة العربية السعودية، رسالة ماجستير غير منشورة، عمان، جامعة البلقاء التطبيقة.

72. فان تاسيل باسكا، جوسي، واستامبا، تامرا (2007): المنهاج الشامل للطلبة الموهوبين، ترجمة حسين أبو رياش وآخرون، عمان، دار الفكر.

73. فوشيه، ارثر وليزلي (2003): علم المناهج هدفه ومضمونه وتطبيقه، ترجمة: شوقي السيد الشريفي، الرياض.

74. القاسم، وجيه قاسم والشرقي، محمد راشد (2005): المنهج المدرسي، الرياض.

75. القحطاني، سالم سعيد وآخرون (2004): منهج البحث في العلوم السلوكية، الرياض، العبيكان.

76. القريطي، عبدالمطلب أمين (2005): الموهوبون والمتفوقون خصائصهم واكتشافهم ورعايتهم، القاهرة، دار الفكر العربي.

77. القريطي، عبدالمطلب أمين (2001): سيكولوجية ذوي الاحتياجات الخاصة وتربيتهم، القاهرة، دار الفكر العربي.

78. قنديل، يس عبدالرحمن (2002): عملية المنهج، الرياض، دار النشر الدولية.

79. القذافي، رمضان محمد (1996): رعاية الموهوبين والمبدعين، طرابلس، المكتب الجامعي الحديث.

80. قلادة، فؤاد سليمان (2005): أسس تخطيط المناهج وبناء سلوك الإنسان في التعليم النظامي وتعليم الكبار، الإسكندرية، مكتبة بستان المعرفة.

81. الكاسي، عبدالله بن علي (2004): واقع رعاية الطلاب الموهوبين من وجهة نظر المشرفين في مراكز رعاية الموهوبين ببعض المناطق التعليمية، رسالة ماجستير غير منشور، مكة المكرمة، كلية التربية بجامعة أم القرى.

82. كلنتن، عبدالرحمن نور الدين (2002): رحلة مع الموهبة، الرياض، دار الطويق للنشر و التوزيع.

83. ووكر، جوزيف وآخرون الطلاب الموهوبون، في كولاروسو، رونالد، وأورورك، كولين (2005): تعليم ذوي الاحتياجات الخاصة، ترجمة احمد الشامي وآخرون، القاهرة، مركز الأهرام للترجمة والنشر، ص177- 210.

84. مرسي، كمال إبراهيم (1992): رعاية النابغين في الإسلام وعلم النفس، الكويت، دار القلم.

85. مسعود، وائل محمد (2005) دور المعلم في معاهد وبرامج التربية الخاصة في المملكة العربية السعودية،المجلة العربية للتربية الخاصة – العدد السادس، ص77-114.

86. محمد، عبدالصبور منصور (2006): الموهبة والتفوق و الابتكار، الرياض، دار الزهراء.

87. محمد، عادل عبدالله (2005): سيكلوجية الموهبة، القاهرة، دار الرشاد.

88. معاجيني، أسامة حسن (2008) التجارب الرائدة عربياً ودولياً في تربية الموهوبين ورعايتهم،ورقة عمل مقدمة للمؤتمر التربوي السادس لوزراء التربية والتعليم في الوطن العربي 1-3 مارس، الرياض، المنظمة العربية للتربية والثقافة والعلوم.

89. معلا، طارق عبدالله (2008) رعاية الموهوبين بمدارس التعليم العام،ورقة عمل مقدمة للملتقى الأول لموهوبي التعليم العالي 2-3 مارس، جدة، جامعة الملك عبدالعزيز.

90. معوض، ريم نشابه (2004): الولد المختلف:تعريف شامل لذوي الاحتياجات الخاصة والأساليب التربوية المعتمدة، بيروت، دار العلم للملايين.

91. ملحم، سامي محمد (2005): مناهج البحث في التربية وعلم النفس، عمان، دار المسيرة.

92. اللقاني، احمد حسن والجمل، على احمد (2003): معجم المصطلحات التربوية المعرفية، القاهرة، دار عالم الكتاب.

93. واينبرنر، سوزان (1999): تربية الأطفال المتفوقين والموهوبين في المدارس العادية، ترجمة: عبدالعزيز الشخص وزيدان السرطاوي، العين، دار الكتاب الجامعي.

94. نور الدين، وداد عبدالسميع (2005): نماذج المناهج، الرياض، مكتبة الرشد.

95. وزارة التربية والتعليم: تعميم رقم 64/448 بتاريخ 1427/10/8هـ بشان الإيضاحات التنظيمية لعام 1428/1427هـ

96. وزارة المعارف (1995): سياسة التعليم في المملكة العربية السعودية، الرياض.

97. وهبة، محمد مسلم (2007): الموهوبون والمتفوقون أساليب اكتشافهم ورعايتهم، الإسكندرية، دار الوفاء لدنيا الطباعة والنشر.

98. الهاشمي، محمد بن فيصل (1993): الأساليب العلمية لرعاية الموهوبين في الوطن العربي، بيروت، دار النصر.

99. هالاهان، دانيال و كوفمان، جيمس (2008): سيكولوجية الأطفال غير العاديين وتعليمهم، عمان، دار الفكر.

100. يحيى، خولة احمد (2006): البرامج التربوية للأفراد ذوي الحاجات الخاصة، عمان، دار المسيرة.

101.   Renzulli,J.S. &Ries,S.M.(1997):The Schoolwid Enrichment Model, A How-to-
        Guide for Educational,Excellence, Creative Learning Press

102.   Sally M. Ries, & Diborah E. Burns, Joseph S. Rinzulli(1991):Curriculum
        compacting, Creative Learning Press

103.   Johson,Andrew(1999)Roeper Review Journal v12n4 Amodel Gifted Education
        Program for Elementary School Process And Product

104.   Winebrenner,s(1992):Teaching gifted kids in the regular
        classroom.Minneapolis,MN